가정을 말하다

가정을 말하다

지은이 | 이규현
초판 발행 | 2023. 4. 26
등록번호 | 제1988-000080호
등록된 곳 | 서울특별시 용산구 서빙고로65길 38
발행처 | 사단법인 두란노서원
영업부 | 2078-3352   FAX | 080-749-3705
출판부 | 2078-3331

책 값은 뒤표지에 있습니다.
ISBN 978-89-531-4465-1   03230

독자의 의견을 기다립니다.
tpress@duranno.com   http://www.duranno.com

두란노서원은 사도 바울이 3차 전도여행 때 에베소에서 성령 받은 제자들을 따로 세워 하나님의 말씀으로 양육하
던 장소입니다. 사도행전 19장 8-20절의 정신에 따라 첫째 목회자를 돕는 사역과 평신도를 훈련시키는 사역, 둘째
세계선교(TIM)와 문서선교(단행본잡지) 사역, 셋째 예수문화 및 경배와 찬양 사역, 그리고 가정·상담 사역 등을
감당하고 있습니다. 1980년 12월 22일에 창립된 두란노서원은 주님 오실 때까지 이 사역들을 계속할 것입니다.

가정을
말하다

우리가 꿈꾸는 그 가정

이규현 지음

두란노

프롤로그

위기의 시대, 행복한 가정을 위한 복음적 솔루션

오늘날 가정의 원형이 심하게 훼손되어 있다. 가정 위기론은 이미 오래된 이야기다. 그야말로 가정 몰락, 해체 시대를 살고 있다.

세상에서 만나는 위기의 근원을 더듬어 가다 보면 가정이 있다. 뒤틀린 관계는 가정에서 시작한다. 세상에서 일어나는 불행의 시작점 역시 가정이다. 가정이 흔들리면 모든 것이 흔들린다. 행복하고 싶은데 마음대로 안 된다. 그런 삶은 운전대가 망가진 자동차를 모는 것과 같다. 지도가 아무리 완벽해도 목적지에 도달할 수 없다. 출발은 좋았으나 결국 불행으로 끝나고 만다. 그렇다 보니 젊은이들 사이에는 결혼과 출산을 거부하는 문화가 득세하고 있다. 가정에 대한 기대가 많이 무너져 있다. 너도나도 입을 모아 결혼하기보다 혼자 사는 것이 낫다고 말한다. 결혼이 무엇인지, 왜 결혼해야 하는지에 관한 기준점 자체가 모호해졌다.

행복보다는 불행해지기 쉬우니 결혼과 가정을 포기하겠는가. 그럴수 없다. 가정은 하나님의 디자인이다. 하나님이 인간에게 주신 사명이다. 인간들의 합의나 문화적 산물이 아니다. 따라서 가정은 반드시 복원되어야 한다. 깨어지게 놔두어서는 안 된다. 그러나 우리에게는 가정이라는 집을 지을 사랑의 기술이 없다. 사랑은 낭만으로는 안 된다. 가정의 평화는 자연적인 산물이 아니다. 행복은 인간의 의지나 열정만으로는 이루어질 수 없다. 하루아침에 만들어지는 것도 아니다. 근원적인 부분을 들여다봐야 한다. 결혼은 환상도, 게임도 아니다. 마법처럼 이루어지지도 않는다. 결혼은 이상이 아니라 현실이다. 복잡한 현대 사회 안에서 건강한 가정을 이룬다는 것은 난해한 일이다. 그렇다고 답이 없지는 않다. 길은 있다.

오늘날의 문화를 들여다보면 결혼관 자체가 빗나가 있다. 설계도 없이 집을 지을 수 없다. 가정의 원리와 기준을 재확인할 필요가 있다. 가정을 향한 하나님의 원리로 돌아가야 한다. 가정의 원형은 에덴에서 시작되었다. 하나님은 세상을 창조하시고 인간을 창조하셨다. 아담에게 하와를 보내신 분이 하나님이다. 여기에서 인류 최초의 가정이 탄생했다. 그런데 인간은 죄를 범했다. 타락한 인간은 남을 헐뜯고 비방하기의 선수들이 되었다. 가정은 남녀의 결합만이 아니라 죄인과 죄인의 만남이다. 그러니 매일같이 아슬아슬한 곡예가 펼쳐질 수밖에 없다. 욕망은 큰데 그 욕망을 다루는 기술은 부족하다. 죄성을 가진 인간의 실존 때문이다. 하나님을 폐위시켜 버린 인간은 창조의 원리 안에서의 가정을 부정한다. 마치 사사기의 속편과 같다. 모두 소왕국의 왕이 되어 철저히 개인주의화 되고 말았다.

우리 가정에 복음이 필요하다. 가정 문제를 처방하기 위해서는 성경 안에서 원리를 찾아야 한다. 세상의 처방은 더 큰 위기를 몰고 온다. 그 덕분에 지금 사회 전체가 중증을 앓고 있다. 가정들이 혼돈 속에 고통 받고 미로를 걷고 있다. 혼란스러울수록 성경으로 돌아가야 한다. 본질 적인 해법에 귀를 기울여야 한다. 이혼한다고 행복해지지 않는다. 복음 에 답이 있다.

가정을 깨뜨리는 근원적인 원인은 죄다. 죄는 모든 관계를 깬다. 죄 는 우리가 다루기 힘든 힘의 실체다. 우리는 이 죄를 하나님 앞으로 가 져가야 한다. 하나님과의 관계를 우선적으로 회복해야 한다. 하나님을 무시한 인간의 관계는 회복 불가다. 복음은 하나님과의 관계를 회복시 키는 능력이 있다. 복음은 사랑의 불을 재점화하게 한다. 복음은 가정 안에 사랑의 화력을 제공한다. 죽음보다 강한 사랑은 복음의 열기에서 나온다.

결혼은 아름다운 것이다. 가정은 상처와 절망을 만드는 곳이 아니라 사랑의 절정을 맛보는 곳이다. 가정을 디자인하신 하나님의 계획은 성 스럽고 아름답다. 결혼은 신비롭고 경이로운 일이다. 세상에 떠도는 결 혼과 가정에 대한 거짓된 메시지들에 현혹되지 않아야 한다. 또한 가정은 하나님의 선물이다. 그 선물 보따리 안에는 세상 어디에서도 볼 수 없는 값진 보석이 들어 있다. 가정이라는 보석은 그 빛의 각도에 따라 다양하고 영롱한 색깔들이 끝없이 분사되어 나온다. 그 아름다운 가정으로의 재건축이 절실한 시대다.

이 책에서는 결혼 생활, 가정, 자녀 교육에 대한 방법론을 제시하지 않았다. 그보다 본질적인 부분들을 다루려고 했다. 창조 계획 안에서의 가정, 복음으로 세워 가는 가정의 원리들을 강조하고자 했다. 요즘 아파하는 가정이 너무 많다. 목회자로서 어떻게 성도들을 도울 수 있을까 하는 고민 속에 이 책이 나오게 되었다. 이 책이 많은 가정에 조금이라도 도움이 되기를 간절히 원한다.

이 책이 출판되기까지 수고를 아끼지 않은 두란노와 수영로교회 홍보실, 가정사역국 김기억 목사 그리고 김재덕 목사의 수고에 감사한 마음을 전하고 싶다. 또 쉽지 않은 목회자의 가정을 세워 가는 일에 동역자로, 두 아들의 어머니로 최선의 역할을 다해 준 아내에게도 감사의 마음을 전한다.

해운대에서

이규현 목사

차례

Part **1**

아담, 하와를 만나다

왜 결혼해야 하는가에 대하여

결혼은 선택이 아닙니다

18 여호와 하나님이 이르시되 사람이 혼자 사는 것이 좋지 아니하니 내가 그를 위하여 돕는 배필을 지으리라 하시니라 19 여호와 하나님이 흙으로 각종 들짐승과 공중의 각종 새를 지으시고 아담이 무엇이라고 부르나 보시려고 그것들을 그에게로 이끌어 가시니 아담이 각 생물을 부르는 것이 곧 그 이름이 되었더라 20 아담이 모든 가축과 공중의 새와 들의 모든 짐승에게 이름을 주니라 아담이 돕는 배필이 없으므로 21 여호와 하나님이 아담을 깊이 잠들게 하시니 잠들매 그가 그 갈빗대 하나를 취하고 살로 대신 채우시고 22 여호와 하나님이 아담에게서 취하신 그 갈빗대로 여자를 만드시고 그를 아담에게로 이끌어 오시니 23 아담이 이르되 이는 내 뼈 중의 뼈요 살 중의 살이라 이것을 남자에게서 취하였은즉 여자라 부르리라 하니라 창 2:18-23

부족한 너와 내가 만나 온전해지는 것

　요즘 사람들은 결혼이 어떤 것인지 모르고 합니다. '왜 결혼하느냐?' 라고 물으면 쉽게 대답하지 못합니다. 그러나 이것은 잘못된 도면을 가지고 집을 짓는 일입니다. 설계도 없이 집을 지을 수는 없습니다. 아마 짓더라도 그 집은 금방 무너질 것입니다. 신자들마저도 이런 전통적인, 그리고 세속적인 결혼관의 영향을 받고 있습니다.

　결혼관이 왜곡되어 있다 보니 결혼을 부정적으로 보는 사회적 인식이 커졌습니다. 결혼하는 것보다 혼자 사는 것이 낫다는 생각이 사회 전역에 팽배합니다. 독신주의자, 결혼 무용(無用)론자도 계속 증가하고 있습니다. 이렇게 결혼 제도가 많은 공격을 받고 있는 것은 우리나라에만 국한된 문제가 아니라 세계적인 추세입니다. 그렇다면 우리는 이렇게 질문해 볼 수 있을 것입니다.

　'결혼을 꼭 해야 하는가?'

　이 질문에 답하기 위해 우리는 먼저 '결혼 제도는 언제, 왜 생겼는가?' '결혼 제도는 누가 만들었는가?'를 질문하고 답해 볼 필요가 있습니다.

　결혼이란 무엇일까요? 결혼은 하나님이 디자인하신 제도입니다. 사람이 만들어 낸 문화나 사회적 관습이 아닙니다. 그래서 우리는 결혼 안에 있는 하나님의 신성한 법칙을 알아야 합니다. 말씀을 통해 결혼이 무엇인지 이해해야 합니다.

　창조 사건을 보면 "하나님이 보시기에 좋았더라"는 말이 반복됩니다. 그런데 하나님이 처음으로 "좋지 아니하니(Not Good)"라고 말씀하십니다(18절). 혼자 있는 아담을 가리켜 하신 말씀입니다. 심각한 결함이 생겼다는 것입니다. 남자가 혼자 있는 것은 하나님의 창조 계획이 아직 완전히 이루어지지 않았다는 의미입니다. 그래서 하나님은 하와를 만드시고 인류 최초의 결혼을 이루셨습니다. 즉 결혼이란 완전하지 않은 남자와 여자가 서로에게 속함으로 완전해지고 하나님을 닮아 가는 것입니다.

"나는 하나님만 있으면 돼. 하나님만 잘 믿으면 돼. 결혼은 싫어. 혼자 사는 게 더 좋아"라고 말하는 사람들이 있습니다. 그렇게 말하는 이유가 있을 것입니다. 그러나 하나님과 영적으로 깊이 교제하던 아담에게도 하와가 필요했습니다. 사람과의 수평적 교제 없이 하나님과의 교제만으로는 건강할 수 없기 때문입니다. 그래서 하나님은 한 남자와 여자로 구성된 가정 공동체를 만드시고 그 안에서 행복을 누리게 하셨습니다.

남편과 아내의 관계 속에는 신비로움이 있습니다. 하나님과의 관계가 중요한 것처럼 배우자와의 관계도 매우 중요합니다. 하와를 만드셔서 아담에게 데리고 오신 분은 하나님입니다. 마치 신부의 아버지가 딸의 손을 잡고 신랑에게 인도하는 모습을 연상케 합니다. 또한 결혼식에서 하나님은 최초의 주례자요, 증인 역할을 맡으셨습니다. 이것이 인류 최초의 가정이 만들어진 과정입니다. 하나님이 직접 가정을 이루어 주신 것입니다. 그래서 하나님의 뜻 안에서 가정을 아름답게 세워 가는 것은 믿음의 삶에서 매우 중요한 요소입니다.

동시에 가정은 교회와 균형을 이뤄야 합니다. 한쪽으로 치우치면 안 됩니다. 교회 때문에 가정을 소홀히 하면 안 되지만, 가정만 돌보느라 교회를 등한시해도 안 됩니다. 하나님은 남자와 여자가 상호 협력하여 하나님의 명령을 지키고 풍성한 삶을 살기 원하십니다.

그래서 하나님은 여자를 남자의 갈빗대로 만드셨습니다. '갈빗대'는 히브리어로 '첼라(chella)'입니다. '옆구리'라는 의미도 있습니다. 하나님이 아담의 갈빗대를 취하셔서 하와를 만드셨다는 것은 남자와 같은 물질로 여자를 만드셨다는 의미입니다. 그러므로 남자와 여자는 근원이 하나입니다. 평등이 아니라 연합이라는 의미입니다. 둘이 아니라 하나라는 뜻입니다. 결혼은 나뉘어졌던 것이 하나가 되어 온전한 사람을 이루기 위해 반드시 해야 하는 것입니다. 선택이 아닙니다.

하나님을 경외할 때 완전해지는 가정

결혼은 단순히 남자와 여자가 만나 눈치껏 살면 되는 게 아닙니다. 원리를 익혀야 합니다. 결혼을 디자인하신 하나님의 의도에 따라 부부의 역할과 기능을 다하고 자신의 위치를 지킬 때에 그 가정은 행복해집니다. 부부를 통해 하나님의 목적을 이루는 복된 가정이 됩니다.

하나님은 남자와 여자를 다르게 창조하셨습니다. 성격도 많이 다르지만, 성(性)적인 다름은 더 큰 차이입니다. 남자와 여자는 기능과 역할이 다릅니다. 그래서 남자에게는 여자가 필요하고, 여자에게는 남자가 필요합니다. 각자의 역할에 충실하면 멋진 하모니를 이룰 수 있습니다. 반대로 남자와 여자가 각자의 기능을 무시하면 역기능적 가정이 됩니다.

먼저 남자의 역할은 무엇일까요? 리더십(leadership)입니다. 이것은 남자가 우위에 있다는 뜻이 아닙니다. 가정을 이끌고 책임져야 하는 역할로 하나님이 남자를 부르셨다는 의미입니다.

> "이는 남편이 아내의 머리 됨이 그리스도께서 교회의 머리 됨과 같음이니
> 그가 바로 몸의 구주시니라"(엡 5:23)

하나님은 남편을 가정의 머리로 세우셨습니다. 이는 마치 그리스도께서 교회의 머리 되심과 같습니다. 그래서 남편은 예수님께 리더십을 배워야 합니다. 예수님이 교회에 어떻게 하셨는가를 보아야 합니다. 과연 예수님이 이 땅에 오셔서 왕으로 군림하셨습니까? 사람들을 억압하며 이끄셨습니까? 그렇지 않습니다. 예수님은 자기 몸을 십자가에 내어 놓기까지 우리를 사랑하셨습니다. 희생의 리더십, 이것이 남편에게 주어진 책임입니다.

그러면 여자의 역할은 무엇일까요? 하나님이 여자를 칭해 "돕는 배필"이라고 하십니다(18절). 보조적이거나 종속적인 존재라는 의미가 아닙니다. 이 말의 히브리어는 '에제르'로, '돕다' '위험에서 구해 내다' '무엇으로부터 구원해 내다'라는 의미가 있습니다. 즉 하나님은 연약함과 외로움에 빠진 남자를 구하는 존재로 여자를 지으신 것입니다. '에제르'라는 단어에는 강력한 의미가 있습니다. 하나님이 이스라엘의 '도움'이 되신다고 할 때, 바로 '에제르'를 사용했습니다. 또한 성령을 가리키는 단어 '보혜사'도 '에제르'입니다.

우리 곁에서 우리를 도우시는 성령 하나님처럼, 아내는 남편이 온전해지도록 도와야 합니다. 아내는 남편을 가정의 머리 되게 하는 데 결정적인 역할을 합니다. 남편이 리더십과 책임을 잘 감당하는 온전한 남자

로 서려면 여자의 역할, 돕는 배필의 역할이 가장 중요합니다.

돕는 배필의 목적은 단순히 외로움을 달래 주는 정도나 아이를 길러 주는 정도가 아닙니다. 그것보다 훨씬 더 높은 하나님의 뜻이 있습니다. 돕는 배필은 조화와 상호보완적인 의미가 있습니다. 하나님은 남자와 여자를 서로 대치하고 갈등하는 관계가 아니라 조화를 이루며 함께 완성을 향하여 나아가는 존재로 만나게 하셨습니다.

> "하나님이 자기 형상 곧 하나님의 형상대로 사람을 창조하시되 남자와 여자
> 를 창조하시고 하나님이 그들에게 복을 주시며 하나님이 그들에게 이르시
> 되 생육하고 번성하여 땅에 충만하라, 땅을 정복하라, 바다의 물고기와 하
> 늘의 새와 땅에 움직이는 모든 생물을 다스리라 하시니라"(창 1:27-28)

하나님은 남자와 여자를 창조하셨습니다. 남자와 여자만의 역할과 기능이 있다는 것입니다. 이는 문화대명령, 선교적 명령입니다.

하나님의 큰 뜻이 가정에 있습니다. 하나님은 이유 없이 가정을 만드시지 않았습니다. 두 사람이 알콩달콩 사는 정도로 그쳐서는 안 됩니다. 분명한 목표가 없이 한 결혼과 그렇게 꾸린 가정에서 우리는 늘 헷갈립니다. 뜨거운 사랑만으로 채울 수 없는 허전함이 있습니다. 그러나 하나님이 주신 사명이 있는 가정은 행복합니다. 만약 그것이 없다면 동물적인 삶과 큰 차이가 없습니다. 하나님이 가정에 주신 사명이 무엇입니까?

하나님이 아담과 하와에게 복을 주셨다고 합니다. 그 복이 무엇입니까? 생육하고 번성하고 땅에 충만하라는 것입니다. 피조물의 지배

를 받으며 사는 게 아니라 다스리며 사는 권세를 부여해 주셨습니다. 피해를 볼까 두려워 소극적으로 살아가게 하는 것이 아니라 창조적 삶을 살게 하셨습니다.

복음 안에 있는 가정의 목표는 행복이 아닙니다. 행복은 수단일 뿐입니다. 행복한 가정을 통해서 이루실 하나님의 뜻이 가정 안에 주어졌습니다. 하나님의 부르심에 민감하게 반응하고 함께 그 사명을 위해 살아갈 때 아름다운 가정이 됩니다. 부부 관계가 깨어져 있으면 아무것도 할 수 없습니다. 오히려 하나님의 영광을 가릴 수 있습니다. 결혼은 서로를 기쁘게 하는 것뿐만 아니라 하나님을 기쁘시게 하려는 목적이 있습니다. 부부가 하나님을 기쁘시게 할 때 서로에게 기쁨이 주어집니다. 결혼 관계 안에서 성숙함에 이를 때 그 가정을 통해서 할 일이 많습니다. 우리 가정이 어떻게 하면 하나님을 기쁘시게 할 수 있을까 찾아보십시오. 행복은 덤으로 주실 것입니다.

결혼의 출발이 너무 중요합니다. 둘만의 애정으로만 결혼하면 위험합니다. 둘을 만나게 하신 하나님의 역할이 중요합니다. 다시 말하면 결혼은 하나님의 섭리 안에서 이루어져야 한다는 것입니다. 둘이 좋아서 결혼했지만 그 안에 하나님의 섭리가 있음을 발견해야 합니다. 그래야 그 가정이 건강할 수 있습니다.

그런데 창세기 3장에 보면 안타까운 일이 일어납니다. 하와가 선악을 알게 하는 나무의 열매를 먼저 먹고 남편까지 그것을 먹게 했습니다. 물론 아담이 선악과를 먹은 것에는 본인의 책임도 있습니다. 그러나 하와가 먼저 사탄의 유혹에 넘어갔습니다. 하와는 에제르의 역할을, 아담은 리더의 역할을 온전히 감당하지 못했습니다.

결혼을 간단하게 생각해서는 안 됩니다. 잘 만나면 기막힌 인생을 살 수 있지만, 자칫하면 함께 망할 수 있습니다. 하와의 범죄에 대해서 하나님은 아담과 하와 모두에게 심판을 내리셨습니다. 두 사람이 하나로 묶여 있기 때문입니다. 하나로 묶여 있다는 것은 운명 공동체가 되었다는 것을 뜻합니다. 남편이 잘못했다는 말은 아내가 잘못했다는 말과도 같습니다. 한 사람에게만 모든 책임을 돌릴 수 없습니다. 남편이나 아내의 흉을 보면 결국 그 흉은 나에게로 돌아옵니다.

사도 바울은 에베소서 5장 22절부터 남자와 여자의 역할을 설명하기 전에 21절을 기록합니다.

"그리스도를 경외함으로 피차 복종하라"

왜 그랬을까요? 부부는 서로를 향한 의무 이전에 하나님을 경외해야 유지되기 때문입니다. 가정은 믿음 안에 세울 때 온전해질 수 있습니다. 남녀가 서로 마음이 맞아 사는 게 아닙니다. 결혼은 하나님의 도우심을 구하며 그분의 통치를 받아들이는 삶입니다. 두 사람이 노력한다고 서로 사랑할 수 있는 것이 아닙니다. 가장 근본적인 것은 하나님에 대한 사랑입니다. 이것이 없으면 두 사람도 서로 사랑할 수 없습니다.

우리는 이 시대의 문화적 모습을 바라보아야 합니다. 하나님이 본래 의도하신 가정의 모습에서 빗나간 세상을 바라보아야 합니다. 그리고 그리스도인으로서 책임감을 느껴야 합니다. 하나님이 우리에게 주신 가정을 아름답게 세워 가기 위해 몸부림쳐야 합니다. 하나님은 가정을 통해 우리에게 행복과 만족과 즐거움을 주기 원하십니다.

가정 해체 시대를 살고 있는 우리가 가정을 통해 하나님의 영광을 드러내는 것 자체로 복음을 전할 수 있습니다. 세상의 논리가 아닌, 하나님의 창조 원리와 법칙을 이해하고 하나님의 말씀에 순종함으로 거룩한 가정을 이루는 것입니다. 그것이 구별된 삶을 살아가는 방법입니다.

부부 톡톡! (Talk Talk!)

1. 세상에는 결혼에 대한 부정적인 인식이 많습니다. 결혼하기 이전에 나의 결혼
   관은 어땠나요? 이런 사회에서 결혼한 이유는 무엇인가요?

   _____

   _____

2. 언제 '내가 이 사람과 하나가 되었구나' 하고 느꼈나요? 그때 어떤 마음이 들
   었나요?

   _____

   _____

3. 가정에서 남편의 역할은 '리더십'입니다. 과연 나(남편)는 좋은 가장(Family Lead-
   er)의 역할을 충실히 감당하고 있나요? 아내가 남편을 칭찬하고 높여 주는 시
   간을 가져 봅시다.

   _____

   _____

4. 가정에서 아내의 역할은 남편을 '돕는 배필'입니다. 남편은 아내의 도움 없이는 리더십을 감당할 수 없습니다. 과연 나(아내)는 돕는 배필(에제르)의 역할을 충실히 감당하고 있나요? 남편이 아내를 칭찬하고 높여 주는 시간을 가져 봅시다.

5. 우리 가정을 위한 '사명'을 적어 봅시다. 우리가 이루기 원하는 가정의 모습은 어떠한가요? 부부가 서로 약속할 것이 있다면 무엇일까요?

• 우리 가족의 비전 선언문 •

6. 배우자에게 듣고 싶은 말을 열 개씩 적어 봅시다. 다 적은 후에는 상대방의 눈을 보면서 읽어 줍시다. 언제 그 말을 듣고 싶었는지 생각나는 상황이 있다면 함께 이야기해 봅시다.

남편	아내
•	•
•	•
•	•
•	•
•	•
•	•
•	•
•	•
•	•
•	•

2과

부부는 사람이 나눌 수 없습니다

24 이러므로 남자가 부모를 떠나 그의 아내와 합하여 둘이 한 몸을 이룰지로다

25 아담과 그의 아내 두 사람이 벌거벗었으나 부끄러워하지 아니하니라

창 2:24-25

떠남의 아름다움

결혼은 하나님이 제정하신 언약적 관계입니다. 그래서 우리는 결혼을 긍정적으로 바라봐야 합니다. '결혼을 하는 것이 좋을까, 하지 않는 것이 좋을까?'라는 질문보다 먼저 하나님이 본래 의도하신 가정이 어떤 것인가에 귀를 기울여야 합니다.

하나님이 원하시는 결혼은 무엇일까요? "남자가 부모를 떠나 그의 아내와 합하여 둘이 한 몸을" 이루는 것입니다(24절). 중요한 점은 결혼은 '남자가 부모를 떠남'에서 시작된다는 것입니다. 떠나지 않으면 아내와 한 몸을 이룰 수 없습니다. 이 부분은 특히 한국 사회에서 받아들여지기 어렵습니다. 우리 문화에서 결혼은 여자가 부모를 떠난다는 의미가 더욱 강합니다. 그런데 성경은 남자가 부모를 떠나야 한다고 합니다.

여기서 '떠남'이란 고립이 아닌 독립을 의미하며, 공간적 의미보다는 정신적 독립을 의미합니다. 그런데 많은 부부가 독립하지 못하고 있습니다. 특히 한국 사회에는 부모로부터 분리되지 못한 자녀가 늘어나고 있습니다. 나이가 들었는데도 부모의 그늘을 벗어나지 못하고 경제적인 도움까지 받습니다. 인생의 중요한 결정은 물론 사소한 결정도 스스로 내리지 못하는 마마보이, 파파걸이 많습니다.

부모 의존도가 높을수록 정상적인 가정을 이루기 어렵습니다. 쉬운 일은 아니지만, 독립을 하지 않으면 결코 부모에게서 자유로울 수 없습니다. 부모의 지시와 통제, 도움에서 벗어나야 비로소 독립된 가정을 이룰 수 있습니다. 결혼했다면 부부는 독립된 가정을 이루기 위해 힘써야 합니다. 부모에게서 기꺼이 떠나가는 용기를 내야 합니다.

자녀의 노력이 무엇보다 중요하지만, 부모도 자녀를 떠나보내야 합니다. 최근에는 자녀가 부모에게서 독립하려고 해도 부모가 자녀를 떠나보내지 못하는 경우가 많습니다. 외동아들, 외동딸이 많기 때문입니다. 하나밖에 없는 자녀에게 모든 것을 걸어 온 부모의 마음은 이해합니다. "내가 어떻게 키운 아들인데…" "내가 어떻게 키운 딸인데…" 하는 것입니다. 하지만 이것은 강한 소유 의식에서 나온 집착일 뿐입니다. 자녀의 가정이 건강하기를 원한다면 힘들지만 떠나보내야 합니다. 부모가 자신의 권리를 계속 주장하면서 자녀의 가정에 영향력을 행사하면 자녀의 가정은 깨어지고, 그 고통의 부메랑은 부모에게 고스란히 돌아옵니다.

부모는 결혼한 자녀가 무언가를 결정하지 못하고 고민거리를 들고 오면 "너희 부부가 의논하고 결정해라. 조언은 해 주지만, 모든 결정의 주체는 너희 부부다"라고 단호하게 말해 주어야 합니다. 자녀도 우선순위를 새로 꾸린 가정에 두어야 합니다. 이 사이에서 애매한 태도를 보여서는 안 됩니다. 사사건건 "우리 부모님은 이렇게 했었는데…" "우리 집안은 이렇게 했었는데…"라고 이야기한다면, 새로운 가정을 이룰 준비가 되지 않았다는 뜻입니다. 부모를 무시하라는 말이 아닙니다. 우선순위의 문제입니다. 배우자의 의견을 존중히 여겨 주어야 합니다. 결혼하고도 배우자보다 부모를 더 의지하면 부부가 하나 되는 일에 걸림돌이 됩니다. 부모의 가정으로부터 떠나지 않았다는 것을 의미합니다.

부부가 가장 먼저 헌신해야 할 첫 번째 대상은 배우자입니다. 부모를 공양해야 하는 의무보다 배우자에 대한 의무가 더 우선적입니다. 우리 문화에서는 참 낯설게 느껴집니다. 많은 부부가 부모에게 효도하는 문제로 다투고 급기야 이혼의 지경까지 가게 됩니다. 이것은 성경이 말하는 가정의 모습이 아닙니다. 성경적 가정의 핵심은 부부의 관계입니다. 에덴에서도 아담과 하와 두 사람이 주인공입니다. 부모보다, 자식과의 관계보다 부부의 관계가 훨씬 중요합니다. 물론, 세상을 살다 보면 중요한 인간관계가 많이 생깁니다. 하지만, 가장 소중한 관계는 부부입니다. 이것이 성경적 원칙입니다. 부모를 잘 섬겨야 하고 자녀에 대해서도 최선을 다해야 하지만, 배우자보다 우위에 두어서는 안 됩니다.

한국은 자녀 양육 때문에 부부 사이가 소홀해지는 일도 많습니다. 부부가 오랫동안 별거하기도 합니다. 물론 자녀 교육은 참으로 중요합니다. 그러나 만약 배우자보다 자식을 더 사랑하면 어떻게 될까요? 역기능적 가정이 되기 쉽습니다. 부부가 서로 쏟아야 할 사랑이 자녀에게로 흘러갈 때 그 사랑은 결코 건강할 수 없습니다. 자녀들이 보고 경험해야 하는 최고의 가르침은 부모가 서로 사랑하는 모습입니다. 그것보다 더 좋은 교육은 없습니다.

부부가 서로 사랑하지 않으면 아이는 왜곡된 사랑을 경험합니다. 자녀에 대한 부모의 사랑이 집착으로 바뀌는 경우도 비일비재합니다. 잘못하면 병적인 애착관계가 됩니다. 그런 왜곡된 사랑을 받은 자녀는 사랑이 아닌 상처를 입게 됩니다. 부모의 집착으로 정신적 고통을 받는 경우도 많습니다. 아이에게 모든 것을 쏟아붓고도 자녀로부터 쓴맛을 보게 되는 경우도 허다합니다. 자녀 사랑이 배우자를 사랑하는 것보다 우선되니 가정의 건강성이 깨지는 것입니다. 자녀가 일류대학에 가고, 유학을 가고, 외적으로는 성공한 것처럼 보일지 모르지만, 정작 불행한 가정이 많습니다. 성경적으로 올바른 모습이 아닙니다.

자녀에게 줄 수 있는 최고의 선물은 행복한 부모의 모습입니다. 그래서 좋은 부모가 되는 가장 기본적인 원리는 사이 좋은 부부가 되는 것입니다. 배우자와 좋은 관계를 유지하지 못하면 자녀에게 건강한 영향력을 줄 수 없습니다. 가족을 사랑하는 에너지는 건강한 부부 관계 안에서 나오기 때문입니다. 부부가 깊이 하나가 되면, 자연스럽게 부모를 잘 섬길 수 있고 자녀도 잘 양육할 수 있습니다. 자녀 때문에 이혼하거나 부모의 효도 문제로 다툰다면 부부의 우선순위가 잘못되었다는 뜻입니다.

둘이 하나가 되는 신비로움

성경이 말하는 가정의 핵심은 부부가 하나로 결속하는 것입니다. 이보다 더 우선적인 것은 없습니다. 그런데 우리는 이 부부 관계를 소홀히 하고 무시하고 등한시하진 않습니까? 부부 관계보다 다른 것을 우선시한다면, 이는 가정을 만드신 하나님의 창조 원리를 깨는 것입니다.

부모를 떠나는 목적은 '부부의 하나 됨'입니다. 두 사람이 하나가 된다는 것은 신비로운 일입니다. 결혼은 서로 다른 두 사람의 완전한 연합입니다. 하나님이 여자를 창조하신 이유는 남자에게 또 다른 존재가 필요했기 때문입니다. 그래서 육체적 하나 됨, 성적인 하나 됨은 물론이고 정신적, 영적인 하나 됨이 필요합니다.

특별히 부부 관계 안에서 성적 연합(Sexual Intimacy)은 중요한 영역입니다. 부부의 관계 속에 성은 아름답고 거룩한 것입니다. 이것은 하나님의 기준입니다. 중요한 점은 하나님이 한 남자와 한 여자의 결혼 관계 안에서만 숭고하고 아름답게 만들어 놓으셨다는 것입니다. 오늘날의 성적 자유, 일탈, 타락은 한 남자와 한 여자 안에서 이루어지는 한 몸 됨을 깨뜨리는 죄악입니다. 세상은 '부부의 관계 속에서만 만족을 누려야 한다'라는 성경적 원칙을 공격하고 부정하는 문화들로 가득 차 있습니다. 부부 관계 밖에서의 성적 자유가 도를 넘고 있습니다. 이것은 단순한 성적 타락을 넘어 하나님의 창조 질서를 향한 공격입니다.

둘이 한 몸 된다는 것은 놀라운 신비입니다. 우리가 붙들어야 하는 것은 하나님이 부부를 나누어질 수 없는 운명 공동체로 묶으셨다는 것입니다. 부부가 된 이후부터는 하나 됨을 지켜야 합니다. 성경은 한쪽의 음행 이외에는 어떤 것도 나뉘는 것의 명분이 될 수 없다고 못을 박습니다. 여기에는 부부를 지키려는 하나님의 강력한 의도가 담겨 있습니다. 하나 됨을 지켜 간다는 것은 매우 명예로운 일입니다. '한 몸'은 기계처럼 떼었다 붙였다 할 수 있는 것이 아님을 강조합니다.

그렇다면 한 몸을 이루기 위해서는 무엇이 필요할까요? 첫 번째로 '친밀감'이 필요합니다. 하나님은 "아담과 그의 아내 두 사람이 벌거벗었으나 부끄러워하지 아니하니라"(25절)고 말씀합니다. 정말 아름다운 첫 부부의 모습입니다. 완전한 결합 상태를 말하기 때문입니다. 이보다 더 가까워질 수 없는, 아주 신비로운 관계입니다.

여기서 친밀감이란 두 사람 사이에 무엇도 감출 것이 없는 관계를 말합니다. 비밀이 없는 것입니다. 친밀감이 있는 부부는 솔직한 대화를 나눕니다. 시간이 지날수록 깊은 신뢰와 안정감을 느낍니다. 이런 친밀감이 깊어지면 부부는 하나 됨을 경험할 수 있습니다. '나'와 '너'라는 경계를 넘어서 '우리'라는 한 몸이 되는 것입니다. 이것은 육체적인 연합을 넘어선 신비한 연합입니다. 모든 것을 공유하는 정신적, 영적 연합은 그 무엇으로도 대체할 수 없는 행복과 만족을 줍니다.

그런데 죄가 끼어들면 친밀함이 깨어집니다. 죄는 수치심을 일으켜 숨기게 만들기 때문입니다. 배우자를 정죄하고 스스로를 정죄하게 됩니다. 솔직한 대화가 어려워지면서 자연히 부부 사이가 멀어집니다. 여기서 수많은 가정 문제가 발생합니다. 인간의 깊은 내면에는 친밀함에 대한 욕구가 있기 때문입니다. 부부가 서로 친밀함을 경험하지 못하면 다른 것으로 욕구를 채우려 죄를 범하기 쉽습니다. 그래서 부부의 친밀감은 한 몸을 이루기 위해 매우 중요합니다.

한 몸을 이루기 위해 필요한 두 번째는 '나눌 수 없는 관계임을 인식하는 것'입니다. 아담이 하와를 보며 한 "내 뼈 중의 뼈요 살 중의 살"(창 2:23)이라는 고백은 '서로 깊이 얽혀 분리할 수 없다'는 뜻입니다. 즉 하나님이 "둘이 한 몸을 이룰지로다"라고 하신 명령은 'weave(천을 짜다, 엮다)'의 의미로 이해해야 합니다. 얼기설기 얽힌 천을 분리할 수 없듯, 부부는 나눌 수 없는 관계라는 것입니다.

결혼은 하나님과 인간 사이의 언약입니다. 인간끼리의 의기투합이 아닌, 하나님이 개입하심으로 이루어지는 것입니다. 예수님은 "그런즉 이제 둘이 아니요 한 몸이니 그러므로 하나님이 짝지어 주신 것을 사람이 나누지 못할지니라"(마 19:6)라고 말씀하셨습니다. 하나 되게 하신 분은 하나님입니다. 하나가 된다고 해서 '나'라는 존재가 없어지는 것이 아닙니다. 온전히 여자와 남자가 결합하여 가정을 이룰 때, 오히려 남자는 남자다워지고 여자는 더 여자다워집니다. 결혼을 통하여 남자의 남성성과 여자의 여성성이 뚜렷하게 드러납니다.

이기심을 버리고 십자가를 바라보라

중요한 사실은 처음부터 한 몸이 만들어지지는 않는다는 것입니다. 부부는 하나 됨을 위해 노력해야 합니다. 먼저 배우자에 대한 환상을 버려야 합니다. 세상에 완전한 배우자는 없습니다. 누구나 부족한 죄인일 뿐입니다. 불완전한 두 사람이 만나 하나를 이루어 가는 그 과정이 바로 결혼입니다.

그러므로 결혼은 나에게 알맞은 사람을 찾는 것이 아니라 내가 배우자에게 알맞은 사람이 되어 가는 과정입니다. 얼마나 좋은 남편 혹은 좋은 아내를 만났느냐의 문제가 아닙니다. 얼마나 인내하며 끝까지 그 자리를 지켜 내는가의 과정입니다. 한 몸을 이루어 간다는 것은 쉬운 작업이 아닙니다. 누구에게나 위기가 있습니다. 권태기도 찾아옵니다. 신체적, 정서적인 변화들이 찾아옵니다. 힘든 시기가 없는 가정은 없습니다. 어디에서 바람이 불어올지 알 수 없듯이 별일이 다 일어납니다.

그래서 결혼 초기에는 많이 싸웁니다. 혹시 "우리는 안 싸워요!" 하는 가정이 있습니까? 매우 위험합니다. 언제 한번 크게 터질 가능성이 높습니다. 싸우는 것이 정상입니다. 서로 다른 두 죄인이 함께 사는 것이 결혼이기 때문입니다. 싸우다 보면 서로에 대해 알아 갑니다. 이 과정에는 주님의 도우심이 절대적입니다. 둘만 열심히 사랑하면 될까요? 아닙니다. 부부나 가정이 우상이 되지 않도록 주의해야 합니다. 부부는 주님을 가장 사랑할 때 온전해집니다. 영적 성숙이 행복한 가정을 이루는 핵심입니다.

신앙생활과 가정생활은 분리되어 있지 않습니다. 영적으로 성숙해질

수록 부부 사이의 친밀함이 더 깊어집니다. 십자가의 원리가 가정의 중심에 놓여야 합니다. 나는 죽고 배우자를 살리는 일이 부부 안에서 일어나야 합니다. 나의 행복이 아니라 상대의 행복을 위해 살면 행복은 저절로 따라옵니다.

이기심을 죽이십시오. 모든 일이 상대방 중심으로 돌아가면 부부는 문제가 없습니다. 나보다 상대를 더 낫게 여기고 배려하고 희생하면 다툴 일이 없습니다. 십자가는 이기심을 꺾는 명약입니다. 자기주장을 내려놓고 상대 이야기에 귀 기울이는 것이 십자가로 사는 것입니다. 이런 삶은 선교지에서만 일어나는 것이 아닙니다. 십자가는 가정 안에서 먼저 경험해야 합니다.

자기 좋은 것만 추구하고 상대를 배려할 줄 모르면 충돌이 벌어질 수밖에 없습니다. 해야 하는 일이 따로 정해져 있지 않기 때문에 상황에 따라 책임이 달라질 수 있습니다. 얼마든지 서로 도울 수 있고, 남편과 아내의 역할이 달라질 수도 있습니다. 그런데 우리는 먼저 경계선을 긋습니다. 자기만을 생각하고 이기적인 행동을 하면 마음은 금방 식어 버립니다. 망가진 가정을 보십시오. 틀림없이 그곳에는 이기심이 득실거릴 것입니다. 각자 자기 자신만을 생각하고 행동합니다. 항상 "나"만 외칩니다. 서로에게 "당신이 나에게 해 준 게 뭐 있어?"라는 말만 한다면 답이 없는 가정입니다. "내가 당신을 위해 해 준 것이 별로 없는 것 같아. 미안해"라고 하는 가정이 살아납니다. 오직 십자가만이 답입니다.

부부는 십자가로 하나 될 수 있습니다. 하나님이 디자인하신 가정의 원형을 회복하는 길은 십자가뿐입니다. 그리스도 안에서 하나 된 가정은 강력합니다. 부부가 한 몸이 될 때 행복할 뿐 아니라, 하나님의 명령들을 넉넉히 감당할 수 있게 됩니다. 세상이 아무리 힘들어도 이겨 낼 힘이 그 안에서 주어집니다. 모든 부부가 십자가를 통한 친밀함으로 한 몸 되길 축복합니다.

부부 톡톡! (Talk Talk!)

1. 성경은 결혼의 시작이 '부모를 떠나는 것'이라고 말합니다. 나는 결혼 이후 부모를 떠났나요, 아니면 아직 의존하고 있나요?

_____

_____

2. 부모를 떠나는 것은 어렵습니다. 그러나 반드시 해야 하는 과정입니다. 떠남을 통해 한 단계 더 성숙해지기 때문입니다. 내가 부모를 떠나지 못하는 이유는 무엇일까요?

_____

_____

3. 부부의 '하나 됨' '연합'은 가장 우선시해야 하는 관계입니다. 나는 이 우선순위를 지키고 있나요? 나에게 배우자보다 앞선 것이 있지는 않은지, 있다면 왜 그것을 우선시하고 있는지, 배우자에게 이해를 강요하지는 않은지 생각해 봅시다.

_____

_____

_____

4. 성경은 부부의 성적 연합을 거룩한 것으로 이야기하며, 부부 관계 외의 성은 죄악으로 정의합니다. 나는 성적 순결함을 지키기 위해 힘쓰고 있나요? 동시에 부부의 성적 연합을 기뻐하고 있나요?

   * 부부의 성적 연합은 '배우자를 사랑하기 위한 것'으로, 내 욕구가 아닌 배우자의 기쁨이 목적입니다. 그런데 세상은 갈수록 노골적으로 육체적인 쾌감을 위한 성적 행위들을 광고합니다. 우리는 이런 시대적 분위기를 경계해야 합니다.

   _____

   _____

   _____

5. 친밀함은 어떤 것도 감출 것이 없는 관계를 뜻합니다. 육체적, 정신적, 영적 연합을 누리는 것입니다. 솔직하게 대화하며 서로를 품고 사랑하는 것입니다. 나는 배우자와 친밀함을 누리고 있나요? 솔직하게 마음을 터놓고 대화하고 있나요? 혹시 서로를 정죄하고 있지는 않나요?

   _____

   _____

   _____

6. 한 몸을 이루는 두 번째 방법은 이기심을 버리는 것입니다. 이것은 십자가를 통해서만 가능합니다. 부부가 함께 영적으로 성장해야 합니다. 결혼 이후, 영적으로 성장하고 있나요? 부부가 영적 성장을 위해 어떤 노력을 하고 있나요?

   (예: 가정예배, 큐티, 공예배 참석 등)

   _____

   _____

   _____

3과

결혼은 무를 수 없습니다

1 예수께서 거기서 떠나 유대 지경과 요단 강 건너편으로 가시니 무리가 다시 모여들거늘 예수께서 다시 전례대로 가르치시더니 2 바리새인들이 예수께 나아와 그를 시험하여 묻되 사람이 아내를 버리는 것이 옳으니이까 3 대답하여 이르시되 모세가 어떻게 너희에게 명하였느냐 4 이르되 모세는 이혼 증서를 써주어 버리기를 허락하였나이다 5 예수께서 그들에게 이르시되 너희 마음이 완악함으로 말미암아 이 명령을 기록하였거니와 6 창조 때로부터 사람을 남자와 여자로 지으셨으니 7 이러므로 사람이 그 부모를 떠나서 8 그 둘이 한 몸이 될지니라 이러한즉 이제 둘이 아니요 한 몸이니 9 그러므로 하나님이 짝지어 주신 것을 사람이 나누지 못할지니라 하시더라 10 집에서 제자들이 다시 이 일을 물으니 11 이르시되 누구든지 그 아내를 버리고 다른 데에 장가 드는 자는 본처에게 간음을 행함이요 12 또 아내가 남편을 버리고 다른 데로 시집 가면 간음을 행함이니라 막 10:1-12

한 몸을 나눌 수 있는가

예수님의 갈릴리 사역이 마무리될 무렵, 바리새인들이 나아와 예수님을 공격하기 위해 질문합니다.

"사람이 아내를 버리는 것이 옳습니까?"

이 질문에 예수님도 질문으로 맞받아치십니다.

"모세가 어떻게 너희에게 명하였느냐?"

"모세는 이혼 증서를 써 주어 버리기를 허락했습니다."

그들은 이혼의 합법성을 주장합니다. 그러나 이 대답은 신명기 24장 1-4절의 말씀을 왜곡한 것입니다. 모세는 이혼을 허용하지 않았습니다. 그런데도 그들은 말씀을 자기들 기준으로 해석하여 남성 중심의 사회에서 여성을 버리는 행동을 합리화했습니다.

예수님은 그들의 완악함을 지적하십니다(5절). 여자를 보호하려 주신 법을 마음대로 왜곡했다는 것입니다. 사람이 본래 그렇습니다. 자기에게 유리한 쪽으로 확대하고, 불리하면 축소합니다. 성경의 기본적인 가르침은 이혼을 금하고 있습니다. 이혼의 길을 열어 놓은 것이 아니라 이혼을 못 하도록 막고자 했습니다.

예수님은 이혼에 대한 바리새인들의 질문에 창세기 말씀을 인용해 "창조 때로부터 사람을 남자와 여자로 지으셨으니 이러므로 사람이 그 부모를 떠나서 그 둘이 한 몸이 될지니라 이러한즉 이제 둘이 아니요 한 몸이니 그러므로 하나님이 짝지어 주신 것을 사람이 나누지 못할지니라 하시더라"(6-9절)라고 대답하셨습니다.

우리는 이 대답을 눈여겨보아야 합니다. 바리새인들은 이혼에 대해 질문했는데 예수님은 결혼의 원론을 이야기하셨습니다. 우리가 붙들어야 할 결혼의 절대적 기준을 제시해 주신 것입니다. 사회적 통념, 문화, 전통들을 무시할 수는 없지만, 그것이 절대적 기준이 될 수는 없습니다. 세상의 풍조는 나날이 변해 가고, 사람이 만든 법, 전통, 생각도 변합니다. 그러므로 사람이 만든 것은 기준이 될 수 없습니다. 우리는 변하지 않는 것을 붙들어야 합니다. 그래서 주님은 창세기 말씀으로 대답하셨습니다. 세상이 아닌, 하나님을 기준으로 삼으라는 것입니다.

결혼은 하나님이 만드신 제도입니다. 이혼의 가부보다 중요한 것은 결혼에 대한 하나님의 의도입니다. 아담은 하와를 보며 "이는 내 뼈 중의 뼈요 살 중의 살이라 이것을 남자에게서 취하였은즉 여자라 부르리라"(창 2:23) 했습니다. 곧 "너와 나는 하나다"라는 말입니다. 여기에는 이혼의 여지가 없습니다. 하나님이 짝지어 주신 아담과 하와는 한 몸이 되었습니다. 이 관계를 사람이 나눌 수 없습니다. 우연히 눈이 맞아 결혼한 것 같지만, 그 안에는 하나님의 섭리가 있습니다. 결혼을 인간대사로만 보면 안 됩니다.

예수님은 "또 아내가 남편을 버리고 다른 데로 시집 가면 간음을 행함이니라"(12절)라고 말씀합니다. 같은 사건을 두고 마태복음에서는 "내가 너희에게 말하노니 누구든지 음행한 이유 외에 아내를 버리고 다른 데 장가 드는 자는 간음함이니라"(19:9)라고 기록합니다. 지금의 재혼을 말합니다. 그런데 이게 왜 간음입니까? 한 번 결혼한 사람은 그 배우자와 이미 한 몸이 되었기 때문입니다. 그리고 아무리 헤어졌어도 한 몸이 된 것은 변함이 없습니다. 그대로입니다. 한 몸은 나눌 수 없습니다. 몸에서 팔과 다리를 떼어 버릴 수 있습니까? 그래서 다른 사람과 재혼하는 것이 간음라고 하는 것입니다.

결혼 생활이 힘들면 차라리 헤어지는 것이 쉽다고 여겨서는 안 됩니다. 이혼은 훨씬 더 어렵고 고통스러운 길입니다. 후유증이 너무 많습니다. 이혼은 한 가정의 문제로 끝나지 않고, 자녀들, 양가, 나아가 사회 전체로 연결되기 때문입니다. 특히 이혼한 가정의 자녀들이 겪는 아픔이 큽니다. 이혼을 허용하는 문화는 세상 전체를 어둡게 합니다. 그래서 이혼에 대한 예수님의 입장은 단호하고 선명합니다.

사도 바울이 이혼을 허용한 것처럼 언급한 적이 있습니다.

"혹 믿지 아니하는 자가 갈리거든 갈리게 하라 형제나 자매나 이런 일에 구애될 것이 없느니라 그러나 하나님은 화평 중에서 너희를 부르셨느니라"

(고전 7:15)

사도 바울은 믿지 않는 배우자가 헤어지기를 원한다면 어쩔 수 없다고 말합니다. 하지만, 이 말씀은 앞 절을 근거로 이해해야 합니다.

"만일 갈라섰으면 그대로 지내든지 다시 그 남편과 화합하든지 하라 …"

(고전 7:11a)

우리는 사도 바울의 이 가르침을 통해 성경은 줄곧 이혼을 금하고 있다는 사실을 알 수 있습니다. 이것이 성경의 기본 전제입니다. 갈라서지 말아야 하지만, 만약 갈라섰다면 혼자 살라는 것입니다. 혼자 지내기 싫으면 이혼한 배우자와 다시 화합하라고 말씀합니다.

성경은 '하나 됨'을 계속해서 강조합니다. '둘이 아니요 한 몸'이라는 결혼의 핵심적 원리를 붙들고 있습니다. 결혼했다면 여차하면 갈라선다 생각하지 말고 어떻게든 함께 살기 위해 노력하라는 것입니다.

하나님은 우리에게 허물과 실수가 많음에도 용납하고 품어 주셨습니다. 우리 모두 하나님의 관대한 사랑을 받았습니다. 도무지 하나님의 사랑을 입을 길이 없는 죄인이지만 하나님은 우리에게 은혜를 베푸시고, 그 은혜로 우리가 여기 있습니다. 그렇다면 우리 역시 배우자에게 하나님께 받은 용서와 사랑의 나눔을 실천해야 마땅합니다. 나는 하나님의 사랑을 무한히 받고, 끊임없는 용서와 이해를 받았음에도 함께 사는 배우자에게 하나님께 받은 사랑과 은혜를 실천하지 않는다면 그 삶은 모순된 삶입니다.

러시아의 속담에 "배를 타고 바다에 나갈 때는 한 번 기도하고, 전쟁에 나갈 때 두 번 기도하고, 결혼할 때는 세 번 기도하라"고 합니다. 파도가 일렁이는 바다에 나가는 일이 얼마나 위험합니까? 전쟁은 말할 것도 없습니다. 그런데 결혼할 때는 그것보다 더 기도하라고 말합니다. 그만큼 중요하다는 것입니다. 결혼하고 나서 바꾸려고 하면 안 됩니다. 무를 수 없습니다. 배우자는 자동차 타이어 바꾸듯이 바꿀 수 있는 것이 아닙니다. 부부가 자녀에게 보여 주어야 할 최고의 모습은 하나 됨입니다. 여차하면 헤어질 수 있다는 기분을 자녀가 느끼게 하면 안 됩니다. 그것은 가정의 불행이고 사회 전체의 불행으로 이어집니다.

하나 될 때 임하는 축복

지금 우리는 결혼을 가볍게 인식하는 문화 안에 살고 있습니다. 신자들도 여기에 오염되어 있습니다. 그러나 믿는 우리는 결혼을 신중하게 여겨야 합니다. 결혼할 때부터 분명한 기준을 가지고 시작해야 합니다. 그리고 결혼 후에는 하나 됨을 포기하지 말아야 합니다. 때론 한쪽 눈을 감을 필요도 있습니다. 어떤 대가를 치르더라도 부부 관계를 지켜 내야 합니다. 오늘날 신자는 결혼의 신성을 지키는 것으로 세상과 구별됩니다. 그것이 바로 세상의 빛 된 삶입니다. 신자는 가정을 거룩하게 지켜 내야 합니다.

그렇다면 왜 가정을 지켜 내야 할까요? 큰 대가를 내고서라도 가정을 지켜야 하는 이유는 무엇일까요? 가정이 하나님의 뜻이기 때문입니다. 결혼은 인간 사이의 계약이 아닙니다. 하나님의 선하신 계획 안에서 이루어진 '하나님과 맺는 언약'입니다. 두 사람이 헤어지는 것만으로 끝날 문제가 아닙니다. 이혼은 하나님이 만드신 제도를 깨뜨리고 창조의 계획에서 벗어나는 행위입니다.

하나님의 창조 원리는 샬롬입니다. 우리가 하나 될 때 임하는 축복이 큽니다. 시편 기자는 "보라 형제가 연합하여 동거함이 어찌 그리 선하고 아름다운고"(133:1)라며 하나 됨을 찬양하고, 예수님도 "아버지여, 아버지께서 내 안에, 내가 아버지 안에 있는 것 같이 그들도 다 하나가 되어 우리 안에 있게 하사 세상으로 아버지께서 나를 보내신 것을 믿게 하옵소서"(요 17:21)라고 기도하셨습니다. 사도 바울은 "하늘에 있는 것이나 땅에 있는 것이 다 그리스도 안에서 통일되게 하려 하심이라"(엡 1:10)

고 말합니다. 이렇듯 그리스도 안에서 하나 됨은 하나님의 뜻입니다.

그러나 하나 됨을 유지하는 일은 어렵습니다. 인간의 연약함 때문에 대립과 갈등을 가져오고 깨어지는 위험들이 많습니다. 그래서 복음을 붙들어야 합니다. 가정에 위기가 올 때, 신앙의 성숙이 결혼 관계 안에서 나타나야 합니다. 처음 운전면허증을 따서 운전할 때 얼마나 위험합니까? 때로는 사고를 일으킵니다. 그렇다고 운전을 그만두지 않습니다. 꾸준히 하다 보면 조금씩 실력이 늘면서 편안해지는 순간이 옵니다. 운전에 익숙해지고 안전운전을 위해 신경을 쓰다 보면 사고 날 일도 많지 않습니다. 결혼도 마찬가지입니다. 처음부터 환상적인 조합이란 없습니다. 살아가면서 요령이 생깁니다. 성숙해지면서 싸움도 줄어듭니다.

여기서 성숙이란 배우자의 약점과 허물을 받아들일 용량이 커진다는 것입니다. 이전에는 싸웠을 일도 어느 순간 씨익 웃고 넘어가는 여유가 생깁니다. 성숙은 이기심에서 이타심으로 이동해 가는 것입니다. 갈라디아서 2장 20절 말씀처럼 "내가 그리스도와 함께 십자가에 못 박히"는 경험을 가정 안에서, 배우자와의 관계 안에서 매 순간 경험해야 합니다. 우리에겐 선교지에서 순교할 일이 거의 없습니다. 언젠가 선교지에서 죽으려고 하지 말고, 가정에서 순교해야 합니다. 남편과 아내가 서로에게 복종하기를 바랍니다. 그러기 위해서는 배우자의 만족을 위해 내가 더 희생하는 것을 배워야 합니다. 결혼은 짐을 덜어 내는 것이 아니라 짐을 지는 일입니다. 이 사람을 만나 내가 고생한다는 것이 아니라, 나 같은 사람을 만나 내 배우자가 고생한다는 생각이 들어야 합니다.

행복한 결혼 생활은 경륜으로 되는 것이 아닙니다. 나이가 든다고 저절로 깊어지지 않습니다. 영적 성숙이 있어야 합니다. 신앙과 결혼 생활은 따로 분리될 수 없습니다. 신앙생활을 잘하면 부부 사이가 달라져야 합니다. 아무리 교회에서 다른 사람에게 인정받아도 가정에서 남편으로서, 아내로서 인정받지 못한다면 그 신앙은 무엇인가 잘못된 것입니다.

우리는 부부 관계의 개선을 위해 가장 많은 것을 쏟아부어야 합니다. 가정이 많이 무너졌던 이유는 성경적 원리를 무시했기 때문입니다. 한국 사회는 불륜이 넘쳐납니다. 그 속에서 자녀들이 방황하고 있습니다. 이렇게 밤 문화가 발달한 나라는 세계에서도 찾아보기 어렵습니다. 겉으로는 화려해 보이지만 안으로 들어가면 안타까운 일들이 너무도 많습니다. 가정을 떠난 행복과 번성은 하나님이 보장하지 않으십니다.

그리스도인의 사명이 막중합니다. 기본 중의 기본은 가정을 건강하게 세우는 일입니다. 가정이 무너지면 건강한 교회도 없습니다. 이 땅의 무너진 가정을 세우는 일은 그리스도인에게 맡겨진 사명입니다. 가정을 가정답게 살려 내는 것은 복음의 능력밖에 없습니다. 힘들고 어려운 순간마다 하나님을 바라보길 바랍니다. 하나 됨을 지키고자 애쓸 때 하나님이 은혜를 주십니다. 그래서 부부 사이에 하나님을 믿는 믿음이 필요합니다. 힘들고 어려워도 하나님이 반드시 아름다운 가정으로 회복해 주실 것이라는 믿음으로 견뎌야 합니다. 순간순간 하나님의 지혜를 구해야 합니다. 갈라서야 할 현실적 이유가 아무리 많아도 갈라서지 말라는 하나님의 명령을 지키기 위해 힘써야 합니다. 그때 하나님이 주시는 특별한 은혜가 반드시 있을 것입니다.

부부 톡톡! (Talk Talk!)

1. 이혼의 밑바닥에는 인간의 이기심이 있습니다. 자신의 행복을 위해 배우자와 자녀에게 상처를 주는 것입니다. 혹시 주변에 이혼한 부부가 있나요? 그들의 모습을 보며 무엇을 느끼나요?

2. 세상은 결혼을 '구속' 혹은 '속박'이라고 말합니다. 정말 그럴까요? 결혼을 통해서 자유로워진 것은 없나요? 결혼의 좋은 점은 무엇일까요?

3. 갈수록 이혼을 쉽게 여기는 문화가 득세하고 있습니다. 이혼하면 더 행복해진다고 말합니다. 어떻게 생각하나요?

4. 결혼은 하나님이 짝지어 주신 것입니다. 더 나은 배우자는 없습니다. 이 말에 동의하나요? 하나님의 주권을 인식할 때 결혼 생활에는 어떤 변화가 있을까요?

5. 우리는 '이혼'이라는 단어를 생각하지 않아야 합니다. 가능성을 없애야 합니다. 그래야 지금 있는 배우자에게만 집중하고 사랑할 수 있습니다. 아래 빈칸에 서로의 이름을 기록한 후, 함께 읽고 서명합시다.

"남편 _____ 와(과) 아내 _____ 은(는)
하나님의 언약 안에 부부가 되었습니다.
그러므로 우리는 일평생 서로를 사랑하며
언약을 지키겠습니다."

남편: _____ (서명)   아내: _____ (서명)

6. 결혼 생활과 신앙생활은 따로 생각할 수 없습니다. 예수 그리스도의 사랑과 희생이 부부 사이에서도 작동해야 하기 때문입니다. 더 깊은 영성을 가지기 위해 부부가 함께할 수 있는 것은 무엇일까요? 개인적으로는 무엇을 할 수 있을까요? 아래에 각자의 생각과 부부가 함께 실천할 수 있는 약속을 적어 봅시다.

영적 성장을 위해 부부가 함께할 수 있는 것들	
• • •	
남편이 노력할 영적 활동	아내가 노력할 영적 활동
• • •	• • •

4과

남녀가 달라서 조화롭습니다

18 여호와 하나님이 이르시되 사람이 혼자 사는 것이 좋지 아니하니 내가 그를 위하여 돕는 배필을 지으리라 하시니라 19 여호와 하나님이 흙으로 각종 들짐승과 공중의 각종 새를 지으시고 아담이 무엇이라고 부르나 보시려고 그것들을 그에게로 이끌어 가시니 아담이 각 생물을 부르는 것이 곧 그 이름이 되었더라 20 아담이 모든 가축과 공중의 새와 들의 모든 짐승에게 이름을 주니라 아담이 돕는 배필이 없으므로 21 여호와 하나님이 아담을 깊이 잠들게 하시니 잠들매 그가 그 갈빗대 하나를 취하고 살로 대신 채우시고 22 여호와 하나님이 아담에게서 취하신 그 갈빗대로 여자를 만드시고 그를 아담에게로 이끌어 오시니 23 아담이 이르되 이는 내 뼈 중의 뼈요 살 중의 살이라 이것을 남자에게서 취하였은즉 여자라 부르리라 하니라 24 이러므로 남자가 부모를 떠나 그의 아내와 합하여 둘이 한 몸을 이룰지로다 25 아담과 그의 아내 두 사람이 벌거벗었으나 부끄러워하지 아니하니라 창 2:18-25

투쟁, 사랑이 깨진 부부에게 남은 것

태초에 하나님은 남자와 여자를 다르게 만드셨습니다. 그래서 결혼은 남자와 여자의 다름을 극복하는 과정이라 할 수 있습니다. 그 과정은 때로 고통스럽습니다. 서로를 이해하고 배려하려는 태도가 없다면 가정은 전쟁터가 되기 쉽습니다. 반면, 다름을 인정하고 사랑한다면 다름은 축복이 됩니다.

그렇다면 남자와 여자는 어떤 차이가 있을까요? 개인 편차는 있지만, 남자와 여자의 보편적인 특징이 있습니다. 신체적으로나 정서적으로 보면 여자가 좀 더 섬세하고 예민합니다. 대체로 남자가 논리적이라면 여자는 직관적인 사람이 많습니다. 여자는 주로 느낌을 이야기하고, 남자는 그런 느낌의 근거를 대라고 말합니다. 여자는 관계지향적인 사람이 많은데, 이런 사람들은 대화로 문제를 해결하려고 합니다. 그런데 남자는 과업지향적인 성향이 많아 이런 사람들은 말보다 행동을 중요하게 생각합니다. 그리고 많은 여자가 여러 가지 일을 동시에 할 줄 아는 반면, 남자 중에는 하나의 일에 집중하면 다른 것에는 신경을 못 쓰는 사람이 많습니다. 그래서 아내들은 종종 남편들이 두 가지 일을 동시에 처리하지 못한다며 볼멘소리를 합니다. 남자는 시각적인 면이 강하다면 여자는 청각적인 면이 더 강합니다. 여자는 나무를 본다면 남자는 숲을 봅니다.

그래서 부부가 조화를 이루는 것이 중요합니다. 신혼부부가 아기를 낳고 가장 먼저 마주하게 되는 것이 육아 문제입니다. 요즘은 남자들도 육아에 많이 참여합니다. 아예 전업주부로서 집안일과 육아를 맡아 하는 남자들도 많습니다. 그러나 그것도 아이가 어느 정도 크고 나야 가능한 일입니다. 출산의 고통을 온전히 감당하며 낳은 모정은 남자의 것과 본질적으로 다릅니다. 아이에게 모유를 먹이는 것도 엄마만 가능합니다. 그래서 엄마의 고유한 역할을 대신해 줄 존재는 없습니다. 무엇이 우월한가의 문제가 아닙니다. 역할의 적합성, 즉 남자에게 적합한 일이 있고 여자에게 적합한 일이 있는 것입니다. 하나님이 만드신 창조의 원리입니다. 그러므로 하나님이 남자와 여자를 다르게 지으셨다는 사실을 인정하고 받아들여야 합니다.

여기서 한 가지 중요한 사실이 있습니다. 하나님은 남녀를 다르게 지으셨지만, 동등하게 지으셨다는 것입니다.

"하나님이 자기 형상 곧 하나님의 형상대로 사람을 창조하시되 남자와 여자를 창조하시고"(창 1:27)

사람은 남자와 여자 모두 동일하게 하나님의 형상으로 창조되었습니다. 그래서 남녀 관계에서 어느 한쪽이 열등하거나 우월하지 않고, 똑같이 존엄하고 가치 있습니다. 성경 어디에도 남성이 여성보다, 여성이 남성보다 뛰어나다는 구절은 없습니다. 질서의 문제는 있지만, 동등하게 하나님의 형상으로 창조된 고귀한 존재입니다.

그러나 역사를 보면 일반적으로 여자를 무시하는 문화가 많았습니다. 예수님 시대에도 여자를 천시했습니다. 사람을 셀 때 여자는 계수되지도, 증인으로 채택되지도 않았습니다. 한국에도 여성을 남성보다 열

등한 것처럼 여기며 비하하는 문화가 많았습니다. 이것은 모두 비성경적입니다. 요즘에는 반대로 가정에서 남자들이 홀대를 받는 경우가 있는 것 같습니다. 아무리 만인의 존경을 받아도 아내의 존경을 받지 않으면 남자는 힘이 빠집니다. 아내도 마찬가지입니다. 그래서 아내는 남편을, 남편은 아내를 존중해야 합니다. 누구도 인간을 비하하거나 학대해서는 안 됩니다. 상대를 무시하면 나를 무시하는 것이고 상대를 존중하는 것이 나를 존중하는 것입니다. 부부 사이는 더욱 그렇습니다. 부부는 한 몸이기 때문입니다.

창조 이야기에서 가장 재미있는 대목은 하나님이 아담을 잠재우시고 갈빗대를 취해 하와를 지으신 부분입니다. 성경 주석가 매튜 헨리(Matthew Henry)는 "왜 하나님은 갈비뼈를 사용하셨을까? 이것은 여성이 남성 위에 군림하는 존재도 아니고 하대를 받을 존재도 아닌, 사랑을 받아야 할 존재, 동등의 의미를 주는 것이다"라고 말하기도 했습니다. 남자와 여자는 서로 존중하며 세워 주는 사랑의 관계로 창조되었습니다.

그런데 죄가 들어오며 사랑의 관계가 깨졌습니다. 에덴동산에서 아담의 범죄 이후 하나 됨이 깨어지고 관계 안에 긴장과 대립이 생겼습니다. 범죄에 대한 책임 전가가 일어났고 상대의 잘못을 지적하기 시작했습니다. 그리고 서로 머리가 되려는 이기적인 충돌이 일어났습니다. 남자는 여자를 지배하려 하고 여자는 그 지배를 거부하는 긴장과 갈등이 일어나는 것입니다. 일방적으로 순종을 요구하거나 상대의 희생을 요구한다면 투쟁이 벌어질 수밖에 없습니다. 오늘날에도 죄의 지배 아래에 있는 가정들을 보면 일종의 권력투쟁이 가득합니다. 결혼하기 전부터 양가 부모는 자녀에게 절대로 상대에게 먼저 휘둘리지 말라고 가르칩니다. 서로 왕이 되라고 하는 것입니다.

우리는 아내는 남편에게 복종하고 남편은 아내의 머리가 되게 하라는 에베소서 5장 말씀을 많이 오해합니다. 사도 바울이 이렇게 말한 것은 "그리스도를 경외함으로 피차 복종하라"(엡 5:21)는 명령 위에서 이해되어야 합니다. 남자와 여자는 서로를 사랑으로 섬기며 종이 되어야 하는 것입니다. 우리 삶의 모델이신 예수님이 그리하셨기 때문입니다. 그래서 복음을 경험하는 것이 중요합니다. 복음으로 용서받은 남편은 기꺼이 아내를 사랑하려 합니다. 복음을 경험한 아내는 남편에게 복종하려는 마음이 저절로 생깁니다. 그런데 복음이 없는 가정은 늘 대립합니다. 서로 이용하고 억압하고 자기 논리를 주장합니다. 그러면 가정은 사랑의 보금자리가 아니라 전투장이 됩니다. 가정이 하루도 편안할 수가 없습니다.

부부라는 이름의 사명

성경은 가정이란, 부부가 서로를 섬기며 그리스도께서 종 되신 모습을 실천해야 할 현장이라고 말씀합니다. 이런 관점에서 남자와 여자는 상호 보완적인 관계입니다. 일방적으로 한쪽만을 위해 존재하는 관계는 없습니다. 남녀가 함께 조화를 이루며 가정을 세워 가야 합니다. 남자가 여자가 되려 하거나 여자가 남자가 되려 해서는 안 됩니다. 서로의 강점이 드러나야 합니다. 남자가 남자답게, 여자가 여자답게 조화를 이루는 가정이 복됩니다. 어머니의 섬세함과 부드러움, 따뜻한 품이 가정에 있어야 합니다. 아버지의 리더십과 강인함이 그 가정을 안정되게 합니다.

남자와 여자로 지어진 것을 사람이 바꿀 수 없습니다. 그것은 하나님의 영역이기 때문입니다. 오직 그리스도인은 항상 섬기는 자로 부름을 받았다는 사실을 잊어서는 안 됩니다.

그래서 부부는 내 행복이 아니라 배우자의 행복을 위해 노력해야 합니다. 배우자의 연약함을 보완해 주려는 태도를 가져야 합니다. 가정에서 서로 책임을 전가하고 비난하는 것을 멈추어야 합니다. 받고자 하기 전에 줘야 합니다. 나를 기쁘게 해 달라 요구하기보다는 배우자를 기쁘게 하기 위해 노력해야 합니다. 그러면 배우자의 기쁨이 나에게 돌아와 함께 기뻐하는 역사가 일어납니다. 나만 행복하려고 하면 행복은 저 멀리 도망갑니다.

이런 관점에서 보면, 부부로 산다는 것은 사명입니다. 배우자가 나를 만나 행복하다, 인생이 달라졌다는 소리를 들을 수 있도록 생명을 걸고 섬겨야 합니다. 나는 괜찮은 사람인데 저 원수를 만나 내가 이렇게 되었다고 생각하면 안 됩니다. 내가 잘난 것은 나와 함께하는 배우자가 어떤 사람이 되어 있는가를 통해 증명되어야 합니다. 나를 만나 저 사람이 잘되었다는 결론이 날 때까지 각자의 사명을 다해야 합니다.

혼자만 잘난 인생은 없습니다. 부부는 한 몸이기 때문입니다. 언제나 십자가의 원리를 적용하며 그리스도가 우리에게 보여 준 모범을 묵상해 보아야 합니다. 가정에서 작은 예수가 되어 서로를 섬기고 사랑할 때, 남녀의 다름은 축복이 됩니다.

주님은 우리를 있는 그대로 받아들여 주셨습니다. 우리의 연약함을 대신 지시고 십자가에서 죽으셨습니다. 예수님이 우리에게 '너 이것저것을 좀 고치고, 이 정도 점수를 받아라. 그래야 내가 너를 위해 죽겠다'

고 하신 것이 아닙니다. 주님은 "우리가 아직 죄인 되었을 때에"(롬 5:8) 우리를 위해 죽으셨습니다. 이것이 복음입니다. 주님은 우리를 있는 모습 그대로 받아 주셨습니다.

어떤 가정은 한평생 배우자의 약점과 잘못을 지적하고 비난하면서 팽팽한 긴장감으로 살아갑니다. 그런데 복음이 들어가면 배우자를 있는 그대로 받아 줄 용량이 생기고 이기려고 하지 않게 됩니다. 이것이 복음이 주는 승리입니다. 십자가의 원리입니다. 가정에는 십자가의 원리가 필요합니다. 지는 것이 이기는 것입니다. 그렇지 않으면 부부 관계는 위험한 줄다리기를 계속할 수밖에 없습니다. 배우자의 약점을 내 것으로 받아들이고 기도하며 사랑으로 섬겨야 합니다.

하나님이 만드신 가정은 우연히 된 것이 아닙니다. 부부는 하나님의 뜻과 섭리 속에서 만나게 하신 경륜을 깨닫고 한 몸이 되기 위한 의무와 책임을 다해야 합니다. '왜 이렇게 안 맞는 사람과 살게 하셨는가' 하고 부정적으로만 보면 안 됩니다. 그 사람이 나에게 필요해서 하나님이 붙여 주신 것입니다. 그 사람을 안 만났더라면 내가 더 행복했을 거라는 생각은 꿈에도 하지 않기를 바랍니다. 지금의 남편, 아내가 나에게 딱입니다. 이 사람이 나와 만나 주지 않았다면 나는 결혼도 못 했을 거라 생각하고 진정으로 감사해야 합니다.

때로는 다투기도 하고 너무 달라 정이 떨어질 때도 있지만, 거기에서 하나님이 우리의 성품을 다듬어 가시고 성숙한 사람으로 만들어 가시는 섭리가 있습니다. 날마다 말도 안 되는 일로 성질을 부리는 남편, 날마다 끊임없이 잔소리를 쏟아 내는 아내와 사는 것이 결혼입니다. 힘들고 눈물 쏟을 때가 있지만, 그것을 참아 가면서 내가 성숙해져 가는 것입니다. 내가 변하고 있다면 어느 날 배우자도 변해 가고 있는 것을 발견하게 될 것입니다. 마음에 안 든다고 내치지 말고 서로가 마땅히 져야 할 책임을 다해야 합니다. 함께 부름을 받았기 때문입니다.

하나님은 부부의 다름을 통해 우리를 온전하게 하십니다. 그래서 다름은 축복입니다. 불편하더라도 배우자의 다름을 끌어안고 살아가다 보면 성숙해집니다. 그래서 부부는 싸워야 하고 싸우는 것이 당연합니다. 안 싸우는 가정은 없습니다. 그렇지만 수준은 조금씩 높아져 가야 합니다. 싸워도 지혜롭게 싸우고, 말도 골라서 하다 보면 싸움의 빈도도 차츰 줄어 갑니다. 배우자의 연약함을 비난하기보다 그를 받아들이지 못하는 자신의 연약함을 보기까지 성장합니다. 배우자의 약점을 용납해 주는 성숙한 사람이 됩니다.

배우자를 변화시키려고 하지 말고 내가 변화하고 있는가를 보기 바랍니다. 변화는 한꺼번에 일어나지 않습니다. 우리는 자꾸 마음이 급해집니다. 성급하게 배우자의 단점을 드러내 고치려고 합니다. 그래선 안 됩니다. 조금씩 상대를 이해하고 받아들이려고 노력해야 합니다. 그럴 때 사랑이 깊어져 마침내 영혼의 반려자가 되는 것입니다. 이것은 젊은 날의 뜨거운 사랑과는 비교할 수 없는 깊은 사랑입니다. 서로의 다름을 이해하고 용납하면서 갈수록 깊어지는 것, 그 다름을 통해 서로 깎이며 그리스도를 닮아 가는 것이 축복입니다.

부부는 서로 깊이 연결되어 있습니다. 하나님은 떼려야 뗄 수 없는 관계 안으로 우리를 부르셨습니다. 함께 행복하고 함께 고통받도록 하셨습니다. 이는 결코 쉽지 않습니다. 그러나 부부로 함께 살아가는 여정에 주시는 하나님의 독특한 은혜가 있습니다. 다름은 틀린 것이 아닙니다.

다름을 있는 그대로 받아줄 줄 아는 포용력과 이해력이 넓어질 때 우리 삶이 더 깊고 풍성해집니다. 그 다름을 극복해 가는 과정을 통해 하나님은 우리를 깊어지게 하십니다. 다름 속에 아름다운 조화를 이룰 때 혼자서는 경험할 수 없는 놀라운 선물과 축복이 있습니다.

부부 톡톡! (Talk Talk!)

1. 배우자의 이런 부분이 '나와 다르다'고 느낀 것이 있다면 무엇인가요? 그 차이를 극복하기 위해 나는 무엇을 하고 있나요?

2. 배우자와 하나 되기 위해 채워 줄 부분이 있다면 무엇일까요? 배우자 탓을 하기 전에 내가 섬길 수 있는 부분이 있는지 나누어 봅시다.

3. 배우자가 어떻게 살아왔는지 알면 서로를 이해하는 데 도움이 됩니다. 아래 질문에 각자 답을 적어 보고 서로 바꿔서 읽고 대화를 나누어 봅시다.

   (1) 어렸을 때 가장 행복했던 순간은 언제였나요?

(2) 부모님을 한마디로 정의하면 무엇인가요?

- 내 아버지는 _____입니다.
- 내 어머니는 _____입니다.

(3) 살면서 가장 힘들었던 시간은 언제였나요?

_____

_____

(4) 부모님께 가장 감사한 것이 있다면 무엇인가요?

_____

_____

(5) 부모님께 가장 서운했던 것이 있다면 무엇인가요?

_____

_____

(6) 지금 부모님을 보면 어떤 마음이 드나요?

_____

_____

4. 부부의 삶은 '배우자를 행복하게 만들라는 사명'입니다. 이 사명에 순종하고 있나요? 배우자의 행복을 위해 무엇을 하고 있나요? 나는 배우자가 무엇을 해 주었을 때 가장 행복했나요?

5. 결혼을 통해 하나님이 나에게 어떤 은혜를 주셨는지 생각해 봅시다. 그리고 결혼 전과 지금을 비교하면 내가 성장한 부분은 무엇인지 각자의 생각을 나누어 봅시다.

6. 부부가 각자 자신의 연약함(배우자에게 미안한 점)을 열 가지씩 적어 봅시다. 서로 적은 것을 바꿔 읽은 후 연약함을 있는 그대로 사랑할 수 있도록 기도합시다.

Part 2

하와, 옷을 고쳐 입다

부부, 다시 연합을 향하여

5과

불행한 결혼 생활의 원인은
나에게 있습니다

1 그런데 뱀은 여호와 하나님이 지으신 들짐승 중에 가장 간교하니라 뱀이 여자에게 물어 이르되 하나님이 참으로 너희에게 동산 모든 나무의 열매를 먹지 말라 하시더냐 2 여자가 뱀에게 말하되 동산 나무의 열매를 우리가 먹을 수 있으나 3 동산 중앙에 있는 나무의 열매는 하나님의 말씀에 너희는 먹지도 말고 만지지도 말라 너희가 죽을까 하노라 하셨느니라 4 뱀이 여자에게 이르되 너희가 결코 죽지 아니하리라 5 너희가 그것을 먹는 날에는 너희 눈이 밝아져 하나님과 같이 되어 선악을 알 줄 하나님이 아심이니라 6 여자가 그 나무를 본즉 먹음직도 하고 보암직도 하고 지혜롭게 할 만큼 탐스럽기도 한 나무인지라 여자가 그 열매를 따먹고 자기와 함께 있는 남편에게도 주매 그도 먹은지라 창 3:1-6

죄의 뿌리에 있는 이기심

가정과 교회는 하나님이 만드셨습니다. 그래서 서로 연결되어 있습니다. 교회에서만 신앙생활을 하는 게 아닙니다. 신앙은 가정 안에서 먼저 확인되어야 합니다. 이웃을 네 몸과 같이 사랑하라는 말씀은 부부 관계 안에서 먼저 실천해야 합니다. 가정에서 용서를 경험해야 합니다. 용납과 오래 참음도 가정에서 배워야 합니다. 교회에서는 열심히 신앙생활하고 봉사하는데 가정에서 자녀들과 배우자와의 관계가 깨져 있다면 그 신앙은 문제가 있는 것입니다.

그렇다면 사랑으로 시작한 가정에서 부부 사이가 멀어지고 급기야 깨지는 이유는 무엇일까요? 그 해답은 창세기 3장에 있습니다. 바로 '아담과 하와의 범죄'입니다. 처음 아담은 하와에게 "내 뼈 중의 뼈요 살 중의 살"이라고 노래할 정도로 가까웠습니다. 이것은 인류 최초의 노래요, 시요, 고백입니다. 유진 피터슨(Eugene H. Peterson)은 《메시지》에서 이 부분을 "드디어 나타났구나! 내 뼈 중의 뼈, 내 살 중의 살!"이라고 표현합니다. 멋진 고백입니다. 에덴의 저편에서 우아하게 걸어오는 여인을 본 순간, 아담의 가슴은 요동쳤습니다. 그래서 탄성을 내뱉었습니다. 아담이 하와를 바라본 순간, 감정이 북받쳤습니다. 그런데 둘은 금세 서로를 원망합니다. 이유가 무엇인가요? 죄 때문입니다. 아담이 선악과를 먹고 나자 하나님 탓, 여자 탓을 합니다. 문제를 자신에게서 찾으려고 하지 않고 상대방에게 찾으려고 합니다. 행복해야 할 두 사람 사이에 죄가 들어와 거리가 생겼습니다. 죄가 만든 이기심이 관계를 깨는 것입니다.

성경적 관점에서 결혼은 '죄성을 가진 연약한 두 인간의 만남'입니다. 여기서 죄의 특성은 '자기에게로 굽어지는 것'입니다. 자기중심적으로 모든 것을 해석하고 판단하고 결론을 내립니다. 그래서 죄인과 죄인이 만나면 당연히 다툽니다. 똑같은 사건이 일어났지만 서로 다르게 보고 해석하는 것입니다.

인간은 어쩔 수 없이 자기편향적입니다. 부부가 20년, 30년을 살아도 평행선을 긋는 경우가 얼마나 많습니까? 누구나 행복해지고 싶어 결혼하지만, 반대로 흘러갈 때가 많습니다. 왜 그렇습니까? 자기의 행복에만 초점을 맞추고 살아가기 때문입니다. 배우자를 나의 행복을 위한 도구로 여기는 순간 행복은 멀어집니다.

왜 외도합니까? 왜 폭력을 행사합니까? 모두 이기심이 원인입니다. 죄의 형태가 가장 뚜렷하게 나타나는 모습이 이기심입니다. 이기심이 끼어들면 어떤 관계든 깨어집니다. 특별히 부부는 모든 관계의 기본입니다. 부부 사이가 건강하면 다른 관계 역시 건강할 수 있습니다. 자녀교육도, 신앙 전수도 부부 사이가 핵심입니다. 부부가 하나님 앞에 바르게 살아가면, 서로를 사랑하며 온전한 관계를 이루면, 걱정할 필요가 없습니다.

문제는 죄의 뿌리에 있는 이기심입니다. 아담과 하와는 범죄 이후에 서로 책임을 전가합니다. 자기가 살겠다고 다른 사람에게 죄를 넘겨 버립니다. 결국 관계가 깨어졌습니다. 이기심이 끼어들면 관계는 꼬이게 되어 있습니다. 부부는 물론이고 자녀와의 관계에서도 마찬가지입니다. 이기심이 들어가면 망칩니다. 부모는 사랑한다고 했지만 자식이 상처받은 경우가 많습니다. 부모의 사랑 안에 이기심이 들어가 있기 때문입니다. 이기적인 사랑으로는 건강한 관계가 이루어지지 않습니다.

이 시대는 '너 자신만 생각하라'고 말합니다. 좋게 말하면 자아실현이지만, 이것은 곧 이타적 희생이 사라진다는 말입니다. 내 성공과 행복이 더 중요합니다. 내가 싫으면 끝입니다. 내 행복에 도움이 안 되면 얼마든지 배우자를 버릴 수 있습니다. 자기가 낳은 자식도 버리는 세상입니다. 인간의 자기중심적 본성이 극에 달하고 있습니다.

현대인들이 특히 싫어하는 것 중 하나가 강요입니다. 나를 어떤 틀 안으로 집어넣으려 하지 말라고 말합니다. 결혼도 마찬가지입니다. 결혼이라는 틀에 나를 집어넣지 말라고 이야기합니다. 무엇을 하든지 '이것을 통해 무엇을 얻을 수 있을까?'라면서 나에게 이익이 되는가를 따집니다. 이런 시대의 흐름 속에서 결혼과 가정이 위기를 맞고 있습니다. 결혼의 손익계산이 분명해졌습니다. 내가 손해라는 결론이 나면 더 이상 그 관계를 유지하지 않습니다. 미디어들도 부채질합니다. 산에서 혼자 사는 사람의 생활을 취재하고, 혼자 사는 연예인들의 생활을 보여 주면서 싱글의 자유를 누리라고 자극합니다. 괜히 서로 불편하게 사는 것보다 혼자 편하게 사는 것이 낫다고 말합니다.

이런 문화의 배후에는 이기심이 숨어 있습니다. 함께 사는 것이 불편한 것은 맞습니다. 그러나 좀 더 정확히 말하면 함께 살기 때문이 아니라 이기심 때문에 불편한 것입니다. 이기심은 상대를 배려하기보다 자신의 행복에 몰두하게 합니다. 행복을 추구하는 것 자체는 나쁘지 않습니다. 문제는 '행복을 어떻게 얻는가'입니다. 잘못된 지도를 가지고 목적지에 도착할 수 없습니다. 우리는 정확한 지도, 하나님의 말씀이 필요합니다. 깨어지는 가정을 보십시오. 부부가 서로 자신이 피해자라고 주장합니다. 부부가 서로를 비난하며 피해 의식에 사로잡히는 이유는 내 행복을 위해 결혼해서입니다. 이기적인 관계는 비성경적입니다. 이기심은 상대방에게 상처만 줍니다. 내 행복을 위해 상대에게 무엇인가를 요구합니다. 요구조건이 늘어날수록 불행해질 수밖에 없습니다. 생각대로 안 되면 결국 상대를 비난하게 되고, 행복은 더 멀리 날아갑니다.

배우자를 행복하게 하지 않고 나 혼자 행복해지는 길은 없습니다. 하나님은 인간을 그렇게 만들지 않으셨습니다. 함께 행복하도록 만드셨습니다. 그것이 행복의 기본 원리이고 하나님이 만들어 놓으신 창조의 법칙입니다. 어떤 사람은 자신은 너무 행복하다고 자랑하는데 배우자의 얼굴은 전혀 행복해 보이지 않습니다. 문제가 있는 것입니다. 내 행복보다 배우자의 행복을 먼저 물어야 하는데, 대개는 반대로 합니다. 왜 내가 이토록 불행한지를 확인하려고 합니다. 그리고 그 불행의 원인을 배우자에게서 찾으려고 합니다. 이기심에 빠지면 배우자의 고통이나 불행이 눈에 들어오지 않습니다. 저 사람 때문에 내가 불행해졌다고만 생각합니다. 나 때문에 상대가 겪을 고통은 안중에 없습니다.

시선이 온통 자신에게만 굽어져 있는 것, 이것이 바로 죄성입니다. 이기심은 부부의 관계뿐만 아니라 모든 삶의 영역에서 관계를 깨뜨립니다. 우리의 삶을 불행하게 만드는 가장 근본적인 요인이고 죄의 핵심입니다. 그러므로 이기심의 문제를 해결하지 않으면 인생 전체가 불행해질 수밖에 없습니다.

십자가를 바라볼 때 밀려오는 기쁨

그렇다면 이기심을 어떻게 해결할 수 있을까요? 우리의 초점을 오직 하나님께 돌려야 합니다. 내 행복이 아닌, 상대의 행복을 위해 헌신해야 합니다. 그러지 않으면 결혼을 통해 혹독한 고통을 당합니다. 바로 이혼 이라는 큰 아픔입니다. 이혼을 쉽게 여기면 안 됩니다. 어제까지 함께했 던 사람과 더 이상 함께할 수 없다는 것은 매우 쓰라린 아픔입니다. 미 디어가 다루지 않는 이혼의 이면에는 평생을 괴롭히는 고통이 있습니 다. 자녀들의 아픔까지 생각하면 이혼이 주는 고통은 상상 이상입니다.

그러니 하나님의 성품을 묵상하십시오. 우리가 믿는 하나님은 철저 하게 이타적인 분입니다. 하나님을 이야기할 때 따라다니는 동사가 있 는데, '주다(give)'입니다. 그것을 나타내는 대표적인 성구가 있습니다.

"하나님이 세상을 이처럼 사랑하사 독생자를 주셨으니 이는 그를 믿는 자마
다 멸망하지 않고 영생을 얻게 하려 하심이라"(요 3:16)
"자기 아들을 아끼지 아니하시고 우리 모든 사람을 위하여 내주신 이가 어
찌 그 아들과 함께 모든 것을 우리에게 주시지 아니하겠느냐"(롬 8:32)

십자가는 이타적인 사랑의 상징입니다. 하나님은 우리를 위해 외아 들 예수 그리스도를 기꺼이 내어 놓으셨습니다. 이것이야말로 이타적 사랑의 절정입니다. 우리가 주님을 만나면 이 사랑을 맛봅니다. 세상에 서 한 번도 경험해 보지 못한 사랑입니다. 이 사랑을 묵상해야 이기심을 버릴 수 있습니다. 사랑은 진짜 사랑을 받아 본 사람이 줄 수 있습니다.

성경은 사랑을 퍼부어 주시는 하나님으로 가득합니다. 하나님은 너무도 풍성하신 분입니다. 더 주지 못해 안달하시는 분입니다. 그래서 사도 바울은 "능히 모든 성도와 함께 지식에 넘치는 그리스도의 사랑을 알고 그 너비와 길이와 높이와 깊이가 어떠함을 깨달아 하나님의 모든 충만하신 것으로 너희에게 충만하게 하시기를 구하노라"(엡 3:18-19)라고 말합니다. 하나님의 사랑을 경험해 본 사람들은 이기적으로 살아갈 수 없습니다. 그 거대한 사랑에 빠지면 받는 것보다 주는 것이 자연스러워집니다. 하나님께로부터 새로운 사랑의 방식을 배웁니다.

처음에는 나보다 다른 사람을 위해 희생하는 일이 힘듭니다. 그러나 십자가 사랑을 묵상하면 놀라운 일이 일어납니다. 나보다 상대를 위해 희생할 때 오는 기쁨이 있습니다. 삶의 수준이 달라집니다. 해 본 사람만 압니다. 내 것을 주고 또 주었는데 희한하게 기쁨이 밀려옵니다.

> "내가 그리스도와 함께 십자가에 못 박혔나니 그런즉 이제는 내가 사는 것이 아니요 오직 내 안에 그리스도께서 사시는 것이라 이제 내가 육체 가운데 사는 것은 나를 사랑하사 나를 위하여 자기 자신을 버리신 하나님의 아들을 믿는 믿음 안에서 사는 것이라"(갈 2:20)

그리스도 중심적 삶은 시간이 갈수록 이기심이 해체되는 삶입니다. 나에서 벗어나 이웃을 위하여 살게 됩니다. 일상에서 십자가 중심으로 살게 됩니다. 그래서 십자가는 구원을 얻을 때만 필요한 것이 아닙니다. 복음을 경험하면 시각이 바뀝니다. 내 행복이 아닌 상대의 행복, 배우자의 행복을 보게 됩니다. 배우자가 나에게 못 해준 것이 생각나는 게 아니라, 내가 해 주지 못한 것 때문에 미안한 생각이 들어야 정상입니다.

나에 대한 집착에서 벗어나지 못하면 상대를 배려할 수 없습니다. 세상에서 경험하는 것은 한계가 있습니다. 이기적인 사랑은 아슬아슬합니다. 주고받는 사랑은 오래가지 못합니다. 남편이 돈을 잘 벌어 오는 동안만 사랑이 지속됩니다. 아내가 아름다운 미모를 유지할 동안만 사랑합니다. 이기적이고 탐욕적이고 정욕적인 사랑입니다.

그러나 하나님의 사랑은 그렇지 않습니다. 그 사랑은 조건 없이 그냥 주는 것입니다. 이기심을 해결하는 길은 십자가뿐입니다. 십자가를 바라보고 묵상하십시오. 십자가를 통해 보여 주신 하나님의 사랑에 빠져 보십시오. 신기한 일이 벌어집니다. 하나님의 사랑에 흠뻑 젖을 때 병든 자기애에서 벗어나게 됩니다. 결핍 증세가 사라집니다. 이기심이 죽고 이타적으로 변합니다. 그러면 행복이 도리어 배가 됩니다. 정말 배우자의 행복을 위해 살아 보십시오. 그럴 때 나의 행복이 더 커집니다. 사랑은 이론적인 것도 아니고 감정적인 것도 아닙니다. 의지적인 실천입니다. 때로는 배우자의 고통까지도 함께 짊어지고 가야 합니다. 이기심에서 이타심으로 바꾸어 가는 훈련을 해야 합니다. 가정에 십자가 사랑이 흘러넘쳐야 이기심을 해결할 수 있습니다.

가정에 십자가 사랑이 있어야 합니다. 그러려면 하나님을 바라봐야 합니다. 쉽지는 않습니다. 사탄은 지금도 우리를 속여 하나님이 아닌 것으로 시선을 돌리게 하기 때문입니다. 창세기 3장이 시작되자마자 사탄이 등장한다는 사실을 눈여겨봐야 합니다. 사탄의 유혹은 단순합니다. 하나님이 아닌 다른 것에 눈을 돌리게 합니다. 사탄은 아담과 하와가 하나님이 아닌 동산 중앙에 있는 나무를 보게 했습니다. 뱀의 감언이설에 하와가 무너졌습니다. 지금도 수많은 사람이 사탄의 거짓말에 넘어갑니다. 주요 통로는 현대 문화입니다. TV를 보면 남편보다 더 멋진 남자들, 아내보다 훨씬 아름다운 여자들이 나옵니다. 인터넷에는 수많은 거짓과 유혹이 난무합니다. '나를 더 멋지게 어필하라'는 문화 속에서 사람들은 이것도 있어야 하고 저것도 있어야 한다고 생각합니다. 사탄이 우리의 시선을 계속 어디론가 돌리게 만드는 것입니다. 결혼도 매력에 끌려서 하라고 말합니다. 그러나 매력적인 것에만 이끌리면 위험합니다. 안타깝게도 인간의 매력은 그리 오래가지 않기 때문입니다.

사탄의 기만은 기가 막힙니다. 풍요로 가득한 에덴동산에서도 결핍을 느끼게 했습니다. 하나님이 아닌 것을 하나님으로 착각하게 했습니다. 하나님이라는 존재를 잊게 하고 세상의 것들에 주목하게 만들었습니다. 그렇게 사탄에게 속으면 우리는 '하나님 결핍'에 빠집니다. 그러면 균열이 시작됩니다. 모든 것을 가져도 하나님이 빠지면 다 무너집니다. 두 사람에게만 맡겨진 결혼 생활은 활화산과 같습니다. 언제 터질지 모릅니다. 그래서 부부는 반드시 하나님을 모셔야 합니다. 이 부분을 놓치지 말아야 합니다. 에덴동산이 왜 에덴동산입니까? 먹을 것이 많고 환경이 좋아서입니까? 아닙니다. 하나님이 안 계신 에덴은 더 이상 에덴이 아닙니다.

주도권 잡기 대신 십자가 사랑으로

사탄은 하와에게 거짓말합니다. "너희가 그것을 먹는 날에는 너희 눈이 밝아져 하나님과 같이 되어 선악을 알 줄 하나님이 아심이니라"

(창 3:5)라고 말합니다. 하나님처럼 될 것이라니, 인류 역사상 이렇게 엄청난 거짓말은 없습니다. 강력한 유혹입니다.

인간은 언제나 내가 하나님이 되려는 꿈을 꿉니다. 다른 사람의 지배를 받지 않고 오히려 타인을 통제하며 사는 삶을 꿈꿉니다. 끝없는 야망입니다. 그런데 가정 안에서도 이런 일들이 벌어집니다. '누가 하나님이 될 것인가' '누가 가정의 주도권을 가질 것인가'를 두고 부부 사이에 끊임없이 왕권 싸움이 벌어집니다. 심지어는 상대를 조종하려고 합니다. 그러나 내가 하나님의 자리에 앉는 순간 가정은 전쟁터가 됩니다. 하나님을 하나님으로 인정하지 않는 곳에는 혼란이 찾아옵니다.

배우자를 다스리려고 하는 것은 타락의 결과입니다. 성경에서 남편이 가정의 머리가 된다는 말씀은 섬김의 책임을 강조한 것입니다. 권한이 아닌 사랑으로 섬기라는 부르심입니다. 남편이든 아내든 동일합니다. 우리의 모델은 오직 그리스도입니다. 그리스도는 우리를 섬기기 위해 기꺼이 십자가를 지셨습니다. 십자가에서는 왕의 이미지를 전혀 볼 수 없습니다. 인간은 하나님이 될 수 없습니다. 모든 비극은 하나님을 하나님으로 모시지 않을 때 일어납니다. 하나님은 여호와 한 분뿐입니다. 누구도 하나님의 자리에 대신 앉을 수 없습니다. 하나님의 자리를 넘보다 맞이한 비극이 인류 역사입니다.

십자가는 무엇을 의미합니까? 하나님의 아들 예수 그리스도께서 불순종하고 반역한 인간을 구원하시기 위해 기꺼이 복종하신 것입니다. 하나님과 동등하신 분이 종이 되시고 죽기까지 자신을 내려놓으신 사건이 십자가 사건입니다. 그래서 십자가는 복종의 원리를 가르쳐 줍니다.

"그리스도를 경외함으로 피차 복종하라"(엡 5:21)

스스로 하나님이 되려 하는 사람에게 '복종'은 낯선 단어입니다. 하나님을 알기 전에는 이 단어가 부담스럽습니다. 그러나 복음 안에 들어오면 복종은 아름다운 단어로 변합니다. 하나님의 은혜를 입은 자들은 순종의 영을 가지게 됩니다. 하나님만이 아닌 모든 이들에게 기꺼이 복종하는 마음을 가집니다. 가정에서는 높고 낮음이 없습니다. 서로 즐거이 종이 됩니다. 서로 강요하지 않고 요구하지 않습니다.

요즘 가정이 힘듭니까? 근원적인 질문을 던져야 합니다. 다른 것이 다 있는데 하나님이 빠졌을지 모릅니다. 모든 것을 갖추고도 하나님이 없으면 어렵습니다. 모든 것을 갖추려 하지 말고 하나님을 가정의 중심에 초대하십시오. 주님을 주인으로 모셔 들이십시오. 하나님을 하나님으로 인정해야 합니다.

그래서 가정 예배가 중요합니다. 가정 예배는 자녀 교육 시간이 아니라 하나님을 높이는 시간입니다. 내가 하나님의 자리에서 내려와야 합니다. 나에게 집중된 시선을 하나님께로 옮겨야 합니다. 사탄은 계속 나에게 시선을 집중하게 만듭니다. 나의 행복에 목을 매도록 부추깁니다. 오늘날 문화 안에서도 계속 거짓된 메시지를 퍼뜨립니다. 거짓에 대응하는 길은 진리밖에 없습니다. 안타깝게도 아담과 하와는 말씀이 약했습니다. 사탄의 거짓을 분별해야 합니다.

하나님이 디자인하신 가정으로 돌아가야 합니다. 시대가 아무리 바뀌어도 성경이 말씀하시는 가정으로 돌아가면 됩니다. 복음이 주는 천국을 가정에서 경험해야 합니다. 어려운 시대이지만, 두려워할 필요는 없습니다. 가정과 교회가 건강하게 살아 있으면 얼마든지 이길 수 있습니다. 가정과 교회 생활이 그리스도 중심으로 돌아가고 있는가를 확인하십시오. 말씀의 원리가 제대로 작동하고 있으면 됩니다. 하나님의 말씀 안에서 가정을 믿음으로 세워 가면 반드시 승리할 수 있습니다.

부부 톡톡! (Talk Talk!)

1. 결혼하면 배우자에게 내 모든 생활이 노출됩니다. 더는 숨기거나 꾸밀 수 없습니다. 그래서 결혼은 어렵습니다. 가정에서의 신앙생활도 모두 드러나기 때문입니다. 결혼 전에는 몰랐던, 배우자의 의외의 모습이 있다면 무엇인가요?

2. 죄의 뿌리에는 이기심이 있습니다. 그런데 대부분 사람은 자신이 이기적인지 모르고 살아갑니다. 배우자를 사랑하는 것도 자기 기준으로 합니다. 나는 배우자가 원하는 사랑을 주고 있나요? 내 만족을 위해 배우자를 대하고 있지는 않나요?

   * 참고 도서: 게리 채프먼, 《5가지 사랑의 언어》, 생명의말씀사, 2010

3. 십자가 사랑을 깊이 경험해야 이기심에서 자유할 수 있고, 남을 사랑할 수 있습니다. 나는 그 사랑을 경험했나요? 언제 예수님을 처음 만났나요?

4. 오직 십자가만이 이타적인 사랑을 하게 합니다. 십자가는 벽에 걸어 놓는 장식품이 아닙니다. 가정에, 부부 사이에 하나님을 주인으로 모셔야 합니다. 우리 가정의 주인은 누구인가요? 나는 하나님을 우리 가정의 주인으로 인정하고 있나요?

5. 사랑으로 시작한 부부 사이에도 힘의 논리가 들어올 때가 있습니다. 배우자보다 우위를 점하려는 죄의 본성 때문입니다. 배우자가 내 마음대로 움직이지 않으면 분노하는 것이 증거입니다. 나는 어떤가요? 배우자가 마음에 들지 않아 분노했던 때는 없나요?

6. 가정의 주인은 남편도, 아내도, 자녀도 아닌 하나님입니다. 그것을 인정하는 것이 가정 예배입니다. 지금 우리 가정은 예배를 드리고 있습니까? 드리고 있지 않다면 예배가 어려운 이유는 무엇인가요? 오늘부터라도 다시 가정 예배를 드리기로 결단합시다.

   * 참고 도서: 도널드 휘트니, 《오늘부터, 가정 예배》, 복있는사람, 2017

   * 가정 예배는 지금부터 시작해야 합니다. 지금부터 가정의 문화로 만들지 않으면 이후에는 시작하기 더 어렵습니다. 일주일에 한 번, 짧은 시간이라도 부부가 함께 '찬양하기, 말씀 읽기, 감사 나눔, 기도하기'로 가정 예배를 드리면 됩니다. 누군가 설교를 하거나 말씀을 가르칠 필요는 없습니다. 함께 찬양과 말씀, 기도로 예배하면 됩니다.

탓을 멈추고
친밀함을 회복하십시오

7 이에 그들의 눈이 밝아져 자기들이 벗은 줄을 알고 무화과나무 잎을 엮어 치마로 삼았더라 8 그들이 그 날 바람이 불 때 동산에 거니시는 여호와 하나님의 소리를 듣고 아담과 그의 아내가 여호와 하나님의 낯을 피하여 동산 나무 사이에 숨은지라 9 여호와 하나님이 아담을 부르시며 그에게 이르시되 네가 어디 있느냐 10 이르되 내가 동산에서 하나님의 소리를 듣고 내가 벗었으므로 두려워하여 숨었나이다 11 이르시되 누가 너의 벗었음을 네게 알렸느냐 내가 네게 먹지 말라 명한 그 나무 열매를 네가 먹었느냐 12 아담이 이르되 하나님이 주셔서 나와 함께 있게 하신 여자 그가 그 나무 열매를 내게 주므로 내가 먹었나이다 창 3:7-12

관계의 핵심은 친밀함

피곤한 인생길입니다. 인생을 살아간다는 것 자체가 피곤합니다. 그렇기 때문에 우리는 안식에 대한 갈망이 있습니다. 힘들어도 안식할 곳이 있다면 다시 시작할 힘을 얻습니다. 참된 안식은 천국에 들어가야 주어지지만 지상의 삶에서 하나님이 허락하신 안식처는 가정과 교회입니다. 영혼이 방황할 때 교회에서 하나님을 만나면 회복합니다. 세상에서 지쳤어도 가정으로 돌아가면 쉼을 얻을 수 있습니다. 그렇다면 우리의 가정은 과연 안식처입니까? 가정에서도 안식을 누리지 못한다면 갈 곳 없는 인생입니다.

오늘날 가정들을 자세히 들여다보면 모두 몸살을 앓고 있습니다. 원인을 거슬러 올라가면 에덴동산을 만납니다. 에덴동산에서 무슨 일이 일어났습니까? 본문에서 "이에 그들의 눈이 밝아져 자기들이 벗은 줄을 알고 무화과나무 잎을 엮어 치마로 삼았더라"(7절)라고 말씀합니다. 선악과를 먹은 순간 선악을 아는 지식이 아니라 자신들이 벌거벗은 줄을 알게 되었습니다. 다른 말로 표현하면 서로의 관계가 불편해졌다는 것입니다. 선악과를 먹기 전에는 그렇지 않았습니다. 그들은 벌거벗었으나 부끄러워하지 않았습니다(창 2:25). 부부의 관계는 참으로 묘합니다. 부끄러워하지 않는다는 것은 친밀한 관계를 의미합니다. 이보다 더 좋을 수 없는 관계입니다.

관계의 핵심은 친밀함입니다. 친밀함이 빠지면 그 관계는 의미가 없습니다. 같이 얼마나 오래 살았느냐는 중요하지 않습니다. 물리적으로

한 공간에 있었다는 것만으로는 안 됩니다. 마음을 같이 나누어 감정의 교류가 긴밀해야 합니다. 부부 사이의 건강한 관계는 친밀함에 달렸습니다. 친밀함이 깨어지면 그 순간부터 모든 것이 힘들어집니다. 그래서 사랑의 다른 이름이 친밀함입니다.

하나님과의 관계에서도 마찬가지입니다. 친밀함이 없는 관계는 종교 생활입니다. 하나님은 종종 이스라엘 백성들을 향하여 형식적인 제사를 거부하셨습니다. 마음에도 없는 외적인 제사 의식을 반가워하지 않으신 것입니다. 어린 시절부터 교회를 다녔지만 하나님과 일정한 거리를 유지하고 신앙생활을 하는 사람들이 있습니다. 10년 20년 30년을 살아오면 그만큼 친밀함이 더 깊어져야 하는데 거리가 규격화되어 있습니다. 자신이 하나님에게 가까이 다가가려고 하지 않고 하나님이 나에게 다가오는 것도 원하지 않습니다. 의례적 관계입니다. 신앙이 수동적입니다. 하나님에 대해서 아는 것이 많아도 정작 하나님 그분이 어떤 분이신지 알지 못하는 것입니다. 신앙의 핵심은 하나님과의 친밀감입니다. 그래서 예배가 참 중요합니다.

예배란 하나님과 친밀함을 나누는 시간입니다. 하나님의 사랑을 느끼고 감정을 나누고 마음속에 있는 것을 자연스럽게 고백할 수 있어야 합니다. 다윗 영성의 핵심은 하나님과의 친밀함에 있습니다. 그의 고백은 언제나 일인칭이었습니다. 다윗은 "여호와는 나의 목자시니 내게 부족함이 없으리로다"(시 23:1)라고 고백합니다. '우리의 목자'가 아닙니다. 그에게 하나님은 추상적인 신이 아니고 매일 경험하는 일상의 '나의 목자' '나의 하나님'이었습니다. 따라서 다윗의 이야기가 하나님의 이야기고 하나님의 이야기가 다윗의 이야기가 됩니다. 다윗은 하나님의 친밀한 임재 속에 살았습니다.

문제는 죄가 그 친밀함을 깨뜨리고 말았습니다. 인간의 종교적인 열심으로 하나님에게 다가가려고 했지만 도리어 더 멀어졌습니다. 죄를 지음으로 하나님에 대한 두려움이 찾아왔습니다. 의식적으로 낯을 피해 친밀함이 사라져 버렸습니다. 친밀함이 사라지면 재미가 없습니다. 흥미롭지도 않고 자발적이지도 않습니다. 내 안에 어떤 감흥도 없습니다. 친밀도가 높은 가정은 서로의 존재 자체가 편안하고 자연스럽습니다. 강요나 억압이 없습니다.

자녀와의 관계도 마찬가지입니다. 자녀에게 가장 필요한 것은 부모와의 친밀함입니다. 모든 것을 다 해 주어도 친밀감이 없다면 아이는 사랑을 느끼지 못합니다. 요즘은 안 그런 것 같지만, 예전에는 부모와 자식 간 스킨십이 많지 않았습니다. 애기 티를 벗으면 부모와의 접촉이 자연스럽게 멀어졌습니다. 사랑한다는 말도 서로 낯간지럽다며 안 했습니다. 결국 자녀가 친밀감을 느끼지 못하고 애정결핍에 시달렸습니다. 가정에서 채워야 할 사랑을 채우지 못하면 다른 곳에서 사고가 납니다. 하나님은 부부와 가족 관계 안에서 참된 친밀감을 누리게 디자인하셨습니다. 그러나 아담과 하와가 죄를 범한 그 순간부터 서로의 관계 안에 두려움이 찾아왔습니다. 두려움은 친밀함으로부터 멀어지게 만듭니다. 부부 사이에 다른 어떤 것도 끼어들 수 없이 가까움을 느껴야 진짜입니다.

친밀함은 하루아침에 만들어지는 것이 아닙니다. 세월을 두고 조금씩 쌓아 가야 합니다. 살아가는 동안에 많은 경험을 나눕니다. 함께 바라보고 생각하고 슬픔과 기쁨의 순간을 경험하고 공유하면서 친밀함이 깊어져 갑니다. 특별히 어려운 시간을 함께할 때 하나가 됩니다. 왜 우리가 주님에게서 친밀함을 느낍니까? 우리를 위해 직접 고난을 겪으시고 우리가 고난 속에 있을 때 가까이 오시는 분이기 때문입니다. 무정한 신, 감정 없는 신이 아닙니다. 십자가를 통해 고난을 공유하신 분이기 때문에 그분에게 마음이 열립니다.

현대인들은 친밀함을 나누는 대상이 없습니다. 모두가 외로움에 떨고 있습니다. 유능한데 외롭고, 높은 자리에 앉았는데 외롭습니다. 돈은 많은데 외롭고, 맛있는 것을 마음껏 먹을 수 있는데도 외롭습니다. 문제는 결혼해도 외로운 것입니다. 친밀함은 쌍방에 의해 만들어집니다. 저절로 만들어지지 않습니다. 친밀해지려면 에너지가 많이 듭니다. 서로에게 깊이 관심을 가져야 합니다. 배우자의 생일 등 기념일을 기억해 주어야 합니다. 남자들은 아내의 생일이나 기념일을 잘 기억하지 못하고 때를 놓칠 때가 많습니다. 힘들지만 노력해야 합니다. 또한 배우자가 무엇을 원하는지, 왜 힘들어하는지를 알아야 합니다. 마음 깊숙한 곳에 흐르는 기류를 읽어 내야 합니다. 자칫하면 친밀함이 얼마든지 깨어질 수 있기 때문입니다. 친밀함이 깨어지면 긴장도가 높아집니다. 심해지면 정서적인 죽음이 일어납니다. 한 공간에 같이 있고 법적으로 부부일 뿐이지 정서적으로는 완전히 분리되어 버립니다. 친밀함이 사라진 가정은 불행합니다. 사랑을 회복한다는 것은 친밀함의 회복을 말합니다.

그리스도가 우리에게 보여 주신 모범은 친밀함입니다. 둘로 갈라진 관계를 십자가로 하나 되게 하셨습니다. 주님은 관계 맺기의 대가셨습니다. 열두 제자를 선택하시고 친밀함을 나누셨습니다. 제자들과 동고동락하셨습니다. 강의실에서 제자도를 가르치신 것이 아니라 제자들과 먹고 마시며 삶의 일상을 함께하셨습니다. 특별히 식탁 코이노니아를 매우 즐기셨습니다. 제자들과 함께 울고 웃는 삶을 사셨습니다.

요한복음 4장에 보면 사마리아 여인과의 만남이 매우 인상적입니다. 사실 유대인 남자와 사마리아 여자의 만남은 불가능합니다. 그런데 여인은 처음 만난 예수님에게서 친밀함을 느꼈습니다. 자신의 깊고 아픈 상처를 그대로 드러내어 놓을 정도로 무장해제가 되었습니다. 예수님의 탁월한 친밀함입니다. 요한복음 21장에 디베랴 바닷가에서 실패한 제자들에게 찾아오셔서 조반을 먹이시는 장면도 마찬가지입니다. 예수님은 제자들을 대면하시어 친밀함을 나누셨습니다. 요한복음 15장에서는 제자들을 종이라 부르지 않고 친구라 불러 주십셨습다. 주님은 친밀한 관계를 원하셨습니다. 어느 종교에서도 찾아볼 수 없는 일입니다. 주님은 우리에게 친밀함이 무엇인지를 몸소 가르쳐 주셨습니다. 그리고 우리의 가정에서 그 친밀함이 가장 꽃피우길 원하십니다.

남 탓하기 바쁜 아담의 후예들

친밀함이 깨어졌을 때의 증상 중 하나는 다른 사람의 탓으로 돌리는 것입니다. 아담은 선악과를 먹은 후에 하나님이 찾으시자 "하나님이 주셔서 나와 함께 있게 하신 여자 그가 그 나무 열매를 내게 주므로 내가 먹었나이다"(12절)라고 말합니다. 하와 탓도 모자라 하나님 탓까지 합니다. 이것은 친밀함을 깨는 매우 위험한 행동입니다. 가정에 대한 책임을 져야 할 사람은 아담이었습니다. 하와 역시 지은 죄에 대한 책임을 져야 했습니다. 그런데 아담은 하와에게, 하와는 뱀에게로 책임을 넘겨 버립니다. 불행한 가정은 문제가 터질 때마다 서로에게 책임을 전가합니다.

부부가 서로에게 책임을 떠넘기면 답이 없습니다. 이런 태도는 아담의 후예임을 입증합니다.

부부싸움을 보면 책임 공방이 가장 흔합니다. "너 때문이야"라면서 모든 문제의 원인을 상대에게 돌리거나 자기합리화합니다. 실수를 인정하면 되는데 어쩔 수 없었다고 말합니다. 죄를 축소하거나 다른 사람을 정죄해서 나보다 더 큰 죄를 짓지 않았느냐고 따집니다. 자기 죄를 은폐하여 그것 때문에 결과적으로 좋은 일이 일어나지 않았느냐고 큰소리칩니다. 자기 의나 노력을 주장합니다.

그러나 건강한 가정은 어떤 문제가 생길 때마다 서로 책임을 지려 합니다. "내가 부족해서 그랬어" "내가 좀 더 신경 써야 했는데" "내가 더 기도를 많이 하지 못했어"라며 서로 책임을 지고자 해야 건강한 가정입니다. 책임을 지는 것이 사랑입니다. 가정에서 남편이 져야 할 책임이 있고 아내가 져야 할 책임이 있습니다. 남편이 아내의 머리가 된다는 에베소서 말씀은 책임의 원리를 말씀하는 것이지 높고 낮음의 의미가 아닙니다. 어떤 사람은 힘들다고 자녀를 부양하지 않고 어디론가 떠나가 버립니다. 가족들을 방치합니다. 아내도 남편의 돕는 배필로서 책임이 있습니다. 각자에게 지워진 책임은 결코 작은 것이 아닙니다. 가정 안에서 부부는 서로에 대한 책임을 지는 것보다 우선적인 것이 없습니다. 다른 무엇보다 가정에 대한 책임을 져야 합니다.

아담과 하와는 오리발의 원조입니다. 그래서 아담의 후예들은 남 탓하는 일에 전문가입니다. 어디든지 가 보십시오. 힘들어지면 내 탓이라고 하는 사람이 별로 없습니다. 서로 끝없이 손가락질합니다. 그런데 인간관계가 꼬이는 원인이 여기에 있습니다. 문제의 책임은 자기로부터 시작해야 합니다. 성숙의 특징은 책임을 지는 태도입니다. 책임을 진다는 것은 어려운 일입니다. 희생이라는 대가를 치러야 합니다. 때로는 그 대가가 혹독할 수 있습니다. 누군가 결혼적령기가 언제인지 물어본다면 저는 '서로에 대해서 책임을 지려고 하는 태도를 가질 때'라고 말합니다. 문제 해결을 남에게 떠넘기고 어려움이 오면 피해 버리는 태도를 가진 사람이 결혼하면 위험합니다.

하나님이 에덴동산에서 아담에게 주신 책임이 큽니다. 신약에서도 마찬가지입니다. 하나님은 하와를 이야기하지 않고 아담의 죄로 따져 책임을 물으십니다. 남편의 역할을 해낸다는 것은 거의 순교적 삶입니다. 결혼식장에서 선포되는 '서약'이 핵심입니다. 서약을 잘 들어야 하는데 결혼식의 흥분에 귀를 기울이지 않습니다. 거기에는 엄청난 내용이 들어 있습니다. 결혼은 가슴만 뜨거워서 되는 일이 아닙니다. 책임질 무언가가 생긴다는 말입니다. 책임이 빠진 사랑은 사랑이 아닙니다. 왜 배우자의 음행이 문제가 됩니까? 한 사람에 대한 책임을 거부하는 행위이기 때문입니다. 부부는 서로의 성장을 위해 도와야 할 책임이 있습니다. 가정이라는 학교에서 성숙이라는 과목을 향해 서로 도와야 할 책임이 있습니다.

그러므로 우리는 그리스도를 묵상해야 합니다. 그리스도는 누구의 탓으로 돌리기보다 모든 사람의 죄를 자신에게로 전가시키셨습니다. 인간의 죄를 당신이 대신 뒤집어쓰셨습니다. 마치 모든 것이 당신 탓인 것처럼 여기셨습니다. 생명의 역사가 여기에서 일어납니다. 모두 누군가에게 손가락질할 때 주님은 당신 자신에게로 손가락을 가리키셨습니다. 노아의 홍수 사건 마지막에 나타난 무지개의 형상이 놀랍습니다. 활이 휘어진 방향을 보면 하늘을 향해 있습니다. 인류의 죄에 대한 심판의 화살을 하나님 당신을 향해 겨누고 있습니다. 누구를 탓하기보다 당신이 대신하여 죽으시려고 작정하신 것입니다.

이것이 복음입니다. 가정이 살려면 배우자 탓이 아니라 내 탓이라고 해야 합니다. 서로 내 탓이라고 하는 가정은 다시 살아납니다. 힘들 때일수록 서로 더 많은 책임을 지려 한다면 어떤 문제라도 해결할 수 있습니다. 아담은 하와에게 죄를 전가했습니다. 그러나 그리스도는 인간의 죄를 자신에게 전가하고 십자가에 죽으셨습니다. 주님은 우리를 사랑한다고 말씀만 하지 않으셨습니다. 사랑하시기에 십자가의 죽음으로 증명해 보이셨습니다. 이것이야말로 진정한 사랑입니다.

부부 톡톡! (Talk Talk!)

1. 배우자와 가장 친밀했던 때는 언제였나요? 지금과 그때의 차이는 무엇일까요?
   만약 지금이 가장 친밀하다면 비결은 무엇이라고 생각하나요?

   _____

   _____

   _____

   _____

2. 친밀도는 부부 관계의 핵심입니다. 지금 배우자와의 친밀도를 점수로 매긴다
   면 몇 점을 주겠습니까? 남편과 아내가 동시에 이야기해 봅시다. 그리고 왜 그
   렇게 점수를 주었는지 이야기해 봅시다.

   _____

   _____

   _____

   _____

   _____

3. 친밀함은 서로에 대한 관심과 표현으로 깊어집니다. 배우자가 좋아하는 음식, 가고 싶은 곳, 하고 싶은 것은 무엇일지 기록하고 한 주 동안 한 가지 이상 실천해 봅시다.

	남편	아내
먹고 싶은 음식		
가고 싶은 곳		
하고 싶은 것		

4. 범죄한 아담과 하와는 서로를 탓했습니다. 죄는 서로를 정죄하게 만들기 때문입니다. 최근에 서로를 탓한 적은 없나요? 지금은 어떤가요?
   * 서로의 잘잘못을 따지기 위한 질문이 아닙니다. 서로를 탓하는 것은 죄라는 것을 생각하며 탓하려는 마음을 버려야 합니다.

5. 만약 예수님이라면 배우자의 실수에 어떻게 반응하셨을지 생각해 봅시다. 죄인을 용서하신 그리스도의 사랑이 내 안에 있는지 돌아보고 만약 사랑이 없다면 무엇이 원인일지 나누어 봅시다.

6. 친밀한 부부 관계를 위해 내가 실천할 부분은 무엇일까요? 배우자에게 바라는 것을 한 가지 이상 구체적으로 적어 봅니다.

   * 예) 남편: 휴일에는 혼자 쉴 수 있는 시간을 1-2시간 정도 주면 좋겠습니다.
     아내: 잠자기 전에 하루 동안 무슨 일이 있었는지 이야기하는 시간을 일주일에 세 번 이상 가지면 좋겠습니다.

   남편:

   아내:

7과

서로 머리가 되려고 하면
비극이 옵니다

20 범사에 우리 주 예수 그리스도의 이름으로 항상 아버지 하나님께 감사하며 21 그리스도를 경외함으로 피차 복종하라 22 아내들이여 자기 남편에게 복종하기를 주께 하듯 하라 23 이는 남편이 아내의 머리 됨이 그리스도께서 교회의 머리 됨과 같음이니 그가 바로 몸의 구주시니라 24 그러므로 교회가 그리스도에게 하듯 아내들도 범사에 자기 남편에게 복종할지니라 25 남편들아 아내 사랑하기를 그리스도께서 교회를 사랑하시고 그 교회를 위하여 자신을 주심 같이 하라 엡 5:20-25

순종과 복종

항해를 하다 보면 아무리 큰 배도 파도에 흔들립니다. 그때 가장 위험한 일은 엔진이 꺼지는 것입니다. 엔진이 꺼지면 배는 망망대해를 표류하다 파도에 휩쓸려 가라앉을 수밖에 없는 쇳덩어리에 불과하기 때문입니다. 그러나 엔진이 살아 있으면 험한 파도를 뚫고 나갈 수 있습니다.

우리 삶에도 시시때때로 풍랑이 밀려옵니다. 우리의 엔진은 무엇일까요? 바로 건강한 가정입니다. 우리 인생에 험한 항로가 많지만, 그때마다 큰 파도를 이길 힘이 가정에 있습니다. 그렇다면 건강한 가정을 만드는 핵심은 무엇일까요? 바로 부부 사이의 친밀함입니다. 우리 삶의 모든 기본적인 단위는 부부에서 시작합니다. 그래서 성경은 부부의 친밀함에 초점을 맞춥니다.

오늘날 가정은 전쟁을 치르고 있습니다. 전통적 가정에서 절대적이었던 아버지의 권위는 포스트모던 시대에 접어들며 부정되었습니다. 여성들의 지위 향상으로 남자들은 이전보다 왜소해졌습니다. 그러다 보니 남자와 여자가 서로 주도권을 가지려 싸우게 되었습니다. 가정에서도 힘의 논리로 서로를 공격합니다. 서로 사랑하도록 창조된 남녀가 서로를 적으로 몰아세우는 것입니다. 그 결과는 갈등과 분열입니다. 우리는 성경이 말하는 가정으로 돌아가야 합니다. 시대가 변해도 하나님의 말씀은 진리이기 때문입니다. 변하지 않는 진리를 붙드는 가정만 견고하게 설 수 있습니다.

그렇다면 성경이 말하는 가정은 무엇일까요? 본문에서 사도 바울은 아내들에게는 남편에게 복종할 것을, 남편들에게는 아내를 사랑할 것을 요구합니다. 이것은 사랑의 연합입니다. 힘의 논리로 오해하면 안 됩니다. 사도 바울은 남자와 여자를 우열 관계로 말하지 않습니다. "아내들이여 자기 남편에게 복종하기를 주께 하듯 하라"(22절)고 한 구절만 떼어 사도 바울을 남성 우월론자로 몰아가면 안 됩니다. 성경을 자신에게 유리한 대로 해석하는 것은 상대방을 내 마음대로 조종하려는 욕심에서 나온 것입니다. 우리는 한쪽은 다스리고 통제하려 하고, 한쪽은 일방적인 태도에 저항하려 하는 힘의 논리를 거부해야 합니다.

하나님은 죄를 범한 여자에게 다스림을 받는 고통을 주셨습니다.

"또 여자에게 이르시되 내가 네게 임신하는 고통을 크게 더하리니 네가 수고하고 자식을 낳을 것이며 너는 남편을 원하고 남편은 너를 다스릴 것이니라 하시고"(창 3:16)

출산은 인간에게 있어 정말 큰 고통입니다. 땀 흘려 일해야 하는 남자의 고통도 크지만, 여성의 고통은 훨씬 극심합니다. 역사에 기록된 여성의 아픔은 이 구절에서 시작했습니다.

그러나 신약에서 남자와 여자의 관계를 저주로 이해하면 안 됩니다. 예수 그리스도의 십자가 사건으로 우리에게 있던 모든 저주는 끝났기 때문입니다. 남편과 아내의 관계에도 새로운 세계가 열렸습니다. 아내는 더 이상 남편의 억압과 다스림 아래 살 이유가 없어졌습니다. 남편도 아내와 주종관계로 군림하지 않게 되었습니다. 우열의 구도 속에서 통제하고 통제받아야 하는 관계는 없어졌습니다.

그렇다면 사도 바울은 왜 아내들을 향해 남편의 머리 됨과 복종할 것을 말할까요? 이 구절을 해석하려면 32절 말씀을 보아야 합니다.

"이 비밀이 크도다 나는 그리스도와 교회에 대하여 말하노라"(엡 5:32)

사도 바울은 그리스도와 교회의 관계 안에 부부간 문제 해결의 비밀이 있다고 말합니다. 즉 남편과 아내의 문제를 해결하고 그 관계성을 이해하려면 그리스도와 교회의 관계를 잘 이해해야 한다는 것입니다. 이것은 모든 인간관계에 적용이 되는 원리이기도 합니다.

먼저 '남편이 아내의 머리'라고 한 말의 의미를 살펴보겠습니다. 사도 바울은 이 말을 하면서 이는 그리스도께서 교회의 머리 되심과 같다고 합니다. 예수님은 머리 되신다고 해서 결코 교회 위에 군림하거나 일방적인 복종을 요구하시지 않았습니다. 폭군처럼 제압하고 재배하려고 하시지 않았습니다. 교회의 머리 되신 그리스도는 하나님의 말씀 앞에 온전히 순종하셨습니다. 십자가를 지심으로 우리를 섬기셨고 구원의 길을 여셨습니다. 그리스도가 우리에게 복종을 요구하시기 전에 하나님 아버지 앞에 복종하는 삶을 사셨습니다. 그래서 모든 그리스도인이 그리스도께 자발적으로 순종하게 되었습니다.

즉 사도 바울은 남편들에게 가정에서 이 순종을 나타내야 한다고 말한 것입니다. 남편들은 기꺼이 하나님께 굴복하고 순종하여 그분의 종이 되어야 합니다. 강요에 의한 것이 아닙니다. 억울해 해서도 안 됩니다. 따라서 이 말씀은 어떤 면에서 아내들에게 주시는 말씀이기 이전에 남편들에게 더 크고 무거운 의미가 됩니다. 가정의 머리가 되시는 그리스도께 온전히 복종하는 삶을 살 때 그 모습에 감동한 아내가 기꺼이 남편 앞에 복종하는 삶을 살게 되는 것입니다. 그것이 복음적 부부의 모습입니다.

오늘날 세상에서 일어나는 비극은 서로 머리가 되려고 해서 벌어집니다. 아내도 남편도 서로 머리가 되려고 합니다. 그러나 오늘 성경이 주는 메시지는 남편의 머리도, 아내의 머리도 궁극적으로는 그리스도가 되신다는 것입니다. 그리스도에게 온전히 순종하는 삶을 살 때 서로의 내면에 새로운 관계의 역사가 시작됩니다. 그래서 사도 바울이 제시하는 가정 행복의 키워드는 '복종'입니다.

그런데 이 복종은 현대 사회에서 왜곡되었습니다. 상대에게 강요해서 무릎 꿇게 하고, 무릎 꿇은 사람을 억누르는 것으로 이해합니다. 그러나 그리스도가 보여 주신 복종은 아름다운 것입니다. 사도 바울은 인간관계 안에서의 복종을 이야기하기 전에 "그리스도를 경외함으로 피차 복종하라"(21절)는 말씀으로 그 문을 엽니다. 이것은 그리스도인들이 인간관계를 맺을 때 세상 사람들과 큰 차이를 만드는 중요한 요소입니다. 그리스도의 죽으심으로 복종의 의미가 완전히 달라졌습니다. 어느 한쪽만의 일방적 복종은 성경이 가르치는 원리가 아닙니다.

"남편들아 아내 사랑하기를 그리스도께서 교회를 사랑하시고 그 교회를 위하여 자신을 주심같이 하라"(25절)는 구절도 이런 관점에서 이해해야 합니다. 그리스도가 교회를 위해 하신 것은 온전한 복종입니다. 이 말씀대로라면 남편에게 주어진 명령은 아내에게 주어진 것보다 더 강력한 복종의 원리가 적용됩니다.

그뿐만이 아닙니다. 성경은 자녀들에게만 순종을 말하지 않고, 부모 역시 자녀에 대하여 복종의 삶을 살아야 한다고 말씀합니다. 자녀들은 부모의 예속물도 아니고, 함부로 다루어서도 안 됩니다. 부모가 말씀과 하나님의 권위 앞에 온전히 복종하는 모습을 먼저 보여 주는 것이 중요합니다. 부모는 자녀를 잘 섬겨야 하고, 어떤 면에서 자녀를 노엽게 하지 말라는 말씀을 실천해야 합니다. 자녀의 실수에 너무 억압적이거나 폭력적이거나 일방적으로 끌고 가는 태도는 좋지 않습니다. 자녀에 대해서도 섬김의 태도를 취해야 합니다. "그리스도를 경외함으로 피차 복종하라"는 말씀은 가정의 실제적 머리는 오직 한 분 그리스도라는 뜻입니다.

우리는 모두 그리스도 안에서 복종하는 삶을 살아야 합니다. 부모가 순종의 모습을 보여 주는 것이 최고의 가정 교육입니다. 절대자이신 하나님과 그 말씀 앞에 순종하며 피차 복종하는 것입니다. 그렇게 부부가 먼저 그리스도의 주권 앞에 무릎을 꿇고 복종하면 복음이 역사하는 가정이 됩니다.

요구하지 않고 종이 되셨던 예수님처럼

그러면 어떻게 하면 복종의 삶을 살 수 있을까요? 복종은 쉽지 않습니다. 우리 안에는 불순종의 영, 저항의 영, 누구에게도 지배받고 싶지 않은 마음과 자기 고집대로 하고자 하는 마음이 있기 때문에 여간해서는 복종하고 섬기는 마음이 자발적으로 일어나지 않습니다. 그래서 "오직 성령으로 충만함을 받으라"(엡 5:18)는 말씀이 아주 중요합니다. 21절의 말씀을 가능하게 하는 키가 되는 구절입니다. 이것은 모든 인간

관계에서 하나님의 말씀을 실천할 수 있는 능력이 오직 성령의 충만함에서 온다는 것입니다. 쉽게 말해서 은혜를 받아야 한다는 것입니다. 모든 인류의 저주를 끊어 버릴 힘, 불순종의 영으로부터 모든 관계가 깨어진 것을 하나로 회복시켜 주는 힘이 바로 순종이고, 이 순종의 힘은 성령에게서 오는 것입니다.

사람의 힘으로는 안 됩니다. 성령의 지배를 받아야 복종할 수 있습니다. 기꺼이 섬길 수 있습니다. 이것이 십자가 정신입니다. 십자가가 없는 곳은 모두 피차 복종을 요구하기만 합니다. 상대에게 요구하는 마음이 바로 지배하려는 심리입니다. 자기중심적으로 끌고 가려는 폭력적인 태도입니다. 그러나 십자가는 요구하는 태도가 아닙니다.

예수님이 십자가를 지시기 전 어느 집에 갔을 때 제자들이 모두 발을 내어 놓고 있었습니다. 그 당시 팔레스타인에서는 종이 손님의 발을 씻어 주었는데, 그때 예수님이 수건을 허리에 동이시고 제자들의 발을 씻기셨습니다. 이것이 파격입니다. 모두 섬김을 받으려고 요구하고 있는데 예수님이 무릎을 꿇고 제자들의 발을 씻기셨습니다. 스스로 종이 되심으로 복종하는 모습을 보이셨습니다. 그렇다고 예수님의 권위가 땅으로 떨어졌습니까? 그렇지 않습니다. 이것이 바로 십자가의 길을 가는 자의 모습입니다. 예수 그리스도는 창조자이시고 만유의 주관자이신데 자기의 영광과 권세를 주장하지 않고, 스스로 죄인이 되셔서 아무것도 요구하지 않으시고 십자가에 매달려 죽으셨습니다. 그래서 모든 인류의 구원자가 되셨습니다. 이것이 복종의 모습입니다.

오늘 우리의 관계에서도 마찬가지입니다. 내 권리를 획득하기 위해서 상대를 몰아가는 지배적이고 자기중심적 사고가 우리 안에 있습니다. 남편은 출근할 때 따듯한 아침을 먹고 출근하고 싶습니다. 그런데 아내는 아침에 기운을 못 차립니다. 남편은 남편의 권리를 주장하고 싶지만, 쌀을 씻고 아내가 깨지 않도록 식사 준비를 해서 먹고, 아내의 아침상까지 차려 놓고 출근한다면 이것이 십자가의 길입니다. 아내를 깨워서 짜증을 내는 것이 아닙니다. 그렇게 먼저 섬기는 사랑을 통해 아내도 십자가 앞에 무릎을 꿇지 않을까요?

십자가 사건은 한 번의 일로 되는 것이 아닙니다. 매일 죽어야 합니다. 기대하지 말고 내가 먼저 해야 합니다. 어떤 요구도 하지 않아야 합니다. 우리가 사는 길은 서로의 필요에 민감해야 하는 것입니다. 내 필요가 채워지면 만족이 될까요? 내 행복을 위해 상대를 나 중심으로 끌어당기면 행복은 멀리 도망갑니다. 상대를 위하여 내 권리를 포기하고 기꺼이 순종하고 헌신하고 희생한다면 행복이 찾아옵니다. 그 길이 내가 사는 길입니다.

가정도 선교지입니다. 말씀을 먼저 깨달은 사람이 깨달은 만큼 순종의 삶을 살 때, 그 가정에 변화가 옵니다. 깨달은 자답게 말씀에 순종의 삶을 살면 그 가정에 회복이 일어납니다. '종'이라는 단어는 모두가 좋아하지 않지만, 예수님이 종의 개념을 바꾸셨습니다. 이사야서에는 고난받는 종이 나옵니다. 그리스도는 종의 모습으로 이 땅에 오셨습니다. 우리를 섬기시려고 스스로 섬기는 자가 되셔서 말씀 앞에 철저히 복종하셨습니다. 이것에서 주님과 우리의 관계가 회복되고 우리가 그 앞에 무릎을 꿇게 되는 것입니다.

교회의 머리이신 그리스도는 죽기까지 복종하셨습니다. 아내도 마찬가지입니다. 남편을 존중하고 따른다는 것이 남편이 돈을 잘 벌거나 사회적 능력이 있거나 혹은 훌륭한 인격을 가졌기 때문이 아닙니다. 주 안에서 허락받은 남편이기 때문에, 주님의 권위를 인정하기 때문에 남편의 머리 됨을 존중하는 것입니다. 남편의 상태가 아니라 남편에게 권위를 허락하신 주님 때문에 그의 권위를 인정하고 순종하는 것입니다. 이렇게 남편을 존중하다 보면 남편 안에 변화가 일어납니다. 남편의 권위에 순종하는 것은 남편과의 문제가 아니라 그리스도와의 관계에서 흘러나오는 순종이어야 합니다. 이 순종으로 세우는 가정이 되길 축복합니다.

부부 톡톡! (Talk Talk!)

1. 가정은 삶을 지탱해 주는 힘입니다. 나는 언제 가족에게 힘과 위로를 받나요? 배우자에게 고마웠던 경험이 있다면 나누어 봅시다.

_____

_____

_____

2. 남편의 머리 됨과 아내의 복종에 대해 어떻게 생각하고 있었나요? 혹시 힘의 논리로 이해하고 있지는 않았나요?

_____

_____

_____

3. 예수 그리스도는 하나님 아버지께 죽기까지 복종하셨습니다. 이해되지 않더라도, 받아들이기 어렵더라도 복종하신 것입니다. 성경에서 예수님의 복종을 보여 주는 구절은 무엇이 있을까요? 생각나는 대로 이야기하고 기록해 봅시다.

_____

_____

_____

_____

4. '복종'이라는 단어는 우리에게 어색합니다. 그러나 성경은 스스로를 낮추어 섬기라는 의미로 '복종'을 명령합니다. 상대방의 종이 되라는 의미입니다. 사도 바울은 빌립보서 2장 3-4절에서도 동일한 명령을 합니다. 이 명령에 순종할 수 있나요? 배우자에게 복종하라는 말씀이 나에게 어떻게 다가오나요?

_____

_____

_____

5. 우리는 본질적으로 복종을 거부합니다. 배우자에게도 자존심을 내세웁니다. 그래서 십자가를 깊이 경험해야 배우자에게 복종할 수 있습니다. 나는 지금 십자가를 경험하고 있습니까? 예배드리며 은혜를 받고 있습니까? 솔직한 영적 상태를 나누어 봅시다.

_____

_____

_____

6. 개리 채프먼이 말하는 사랑의 다섯 가지 언어는 '인정의 말' '함께하는 시간' '선물' '봉사' '스킨십'입니다. 각자 자신의 사랑의 언어가 무엇인지 나누어 봅시다. 배우자의 사랑의 언어를 위해 무엇을 할 수 있을지 구체적으로 이야기해 보고, 한 주간 실천해 봅시다.

_____

_____

_____

가정을
말하다

결국 사랑한 것만 남습니다

7 사랑하는 자들아 우리가 서로 사랑하자 사랑은 하나님께 속한 것이니 사랑하는 자마다 하나님으로부터 나서 하나님을 알고 8 사랑하지 아니하는 자는 하나님을 알지 못하나니 이는 하나님은 사랑이심이라 9 하나님의 사랑이 우리에게 이렇게 나타난 바 되었으니 하나님이 자기의 독생자를 세상에 보내심은 그로 말미암아 우리를 살리려 하심이라 10 사랑은 여기 있으니 우리가 하나님을 사랑한 것이 아니요 하나님이 우리를 사랑하사 우리 죄를 속하기 위하여 화목 제물로 그 아들을 보내셨음이라 11 사랑하는 자들아 하나님이 이같이 우리를 사랑하셨은즉 우리도 서로 사랑하는 것이 마땅하도다 요일 4:7-11

사랑은 결단하는 것

헬라어에서 '사랑'을 표현하는 단어는 '아가페' '필리아' '에로스'입니다. 이 세 단어는 부부가 어떻게 사랑해야 하는지 알려 줍니다. 세상이 말하는 피상적인 사랑이 아닌, 성경이 말하는 진정한 사랑으로만 부부가 한 몸을 이룰 수 있기 때문입니다. 성경을 통해 보여 주신 하나님의 사랑이 부부 관계 안에 작동하는 것이 중요합니다.

먼저 하나님이 우리에게 보여 주신 사랑을 '아가페'라고 합니다. 이 사랑은 요한복음 3장 16절에 잘 나타나 있습니다.

"하나님이 세상을 이처럼 사랑하사 독생자를 주셨으니 이는 그를 믿는 자마
다 멸망하지 않고 영생을 얻게 하려 하심이라"

이 구절에 등장하는 사랑은 죄인 된 인간을 위하여 독생자를 아낌없이 내어 주신 이유 없는 사랑, 말로 설명할 수 없는 무조건적인 사랑입니다. 그런데 우리가 하는 사랑은 대부분 조건이 있습니다. 세상에서 만나는 사랑은 '무엇 때문에' 사랑합니다. 심지어 부부간, 가족 간에도 조건을 두고 사랑합니다. 무엇인가 돌아올 것이 있을 때에만 사랑을 베풉니다. 말로는 아무 것도 기대하지 않는다고 합니다. 사랑하는 데 무슨 이유가 있느냐 합니다. 그런데 깊이 들여다보면 기대하는 게 있습니다. 인간은 생각보다 사랑이라는 이름으로 상업적 거래를 하는 경우가 많습니다.

그러나 아가페 사랑은 다릅니다. '무엇 때문에'가 아니라 '그럼에도 불구하고' 사랑합니다. 조건이 없습니다. 하나님께로부터 우리가 배워야 할 사랑이 바로 이것입니다. 하나님은 예수 그리스도의 십자가 죽으심을 통해 전혀 다른 차원의 사랑을 베풀어 주셨습니다. 세상에서 듣지도 보지도 못했던 사랑입니다.

사도 바울은 "능히 모든 성도와 함께 지식에 넘치는 그리스도의 사랑을 알고 그 너비와 길이와 높이와 깊이가 어떠함을 깨달아 하나님의 모든 충만하신 것으로 너희에게 충만하게 하시기를 구하노라"(엡 3:18-19)라고 했습니다. 우리 신앙생활의 초점은 하나님의 사랑을 점점 알아 가는 것이라는 말입니다. 하나님의 사랑을 경험하는 것보다 사람과의 관계가 우선되면 위험합니다. 하나님께로부터 온전한 사랑을 배우지 않으면 상처를 주고받을 위험이 크기 때문입니다. 누군가를 사랑하려고 애쓰기 전에 우리는 먼저 하나님의 사랑을 경험해야 합니다.

사랑은 노력으로 할 수 있는 게 아닙니다. 사랑할 만한 사람은 사랑하기가 쉽지만, 그런 사람은 많지 않습니다. 그래서 우리는 누군가를 사랑하려고 애쓰기 전에 사랑할 수 있는 사람이 되어야 합니다. 상대가 나에게 잘해 주든 잘해 주지 않든 상관없이 나의 편에서 꾸준히 사랑할 수 있는 사람이 되는 것입니다. 이런 사랑이 바로 아가페, 하나님이 우리에게 보여 주신 사랑입니다. 하나님은 어떤 조건을 가지고 사랑하시는 분이 아닙니다.

그래서 우리는 부부 관계 안에서 '아가페의 사랑'을 실천해야 합니다. 어떤 조건을 가지고 대하면 오래갈 수 없습니다. 결혼은 거래 관계가 되어서는 안 됩니다. '돈이 많아서' '외모가 너무 잘나서'라는 조건으로 결혼하면 그 관계는 금세 변질됩니다. 조건이 사라졌기에 관계에 금이 가기 시작합니다. 하나님이 원하시는 부부의 사랑은 '무엇 때문에'가 아니고 '그럼에도 불구하고'의 사랑입니다. 무엇을 따지지 않고 사랑하는 것, 감정보다 의지로 사랑하는 것입니다. 상대가 나에게 어떤 태도를 보이든지 상관없이 사랑하기로 결단하는 것이 바로 아가페의 사랑입니다.

때로는 결혼 생활이 힘들고 어렵습니다. 그럼에도 하나님과 언약의 관계로 맺어진 부부는 약속을 지킵니다. 서로에 대한 책임을 다하고 충성을 다하는 아가페를 실천합니다. 때로는 내 감정이 사랑으로 일어나지 않아도 여전히 의지를 다하여 책임을 완수해 가려고 하는 그 태도가 아가페입니다. 부부는 이 아가페 사랑을 회복해야 합니다.

사랑은 점점 더 깊어지는 것

두 번째 사랑은 '필리아'입니다. 이는 상호적인 사랑을 의미하는데, '형제애' 혹은 '우정'을 말합니다. 이것은 주고받는 사랑입니다. 사랑받기 위해 사랑해 주는 것입니다. 부부 사이에도 이런 우정이 필요합니다.

성경에서 필리아를 가장 잘 보여 주는 대표적인 인물이 다윗과 요나단입니다. 다윗을 향한 요나단의 사랑은 지극합니다. 사실 요나단과 다윗은 경쟁 관계에 있습니다. 요나단은 왕위 계승 서열 1위의 인물입니다. 그러나 요나단은 다윗을 보호합니다. 필리아, 즉 우정이 어디까지 깊어질 수 있는지 보여 줍니다. 다윗이 사울의 적대감과 광기 속에서도 살아남을 수 있었던 것은 요나단과의 우정 덕분이었습니다. 다윗 역시 요나단과의 우정이 있었기 때문에 사울에 대한 충성을 끝까지 지킬 수 있었습니다. 이런 사랑의 관계가 부부 사이에도 적용됩니다.

오랫동안 함께 살다 보면 부부는 둘도 없는 친구가 됩니다. 육체적인 사랑을 넘어선 깊이 있는 사귐을 나눌 수 있습니다. 함께 있는 것 자체가 즐거워집니다. 때로는 우정에 금이 가기도 하지만, 시간이 지나면 다시 회복합니다. 그런 관계가 깊어지면 서로에게 무언가를 요구하지 않게 됩니다. 서로에게 아무것 하지 않아도 그냥 좋고 편안한 관계가 됩니다. 부부 사이에 그런 필리아가 필요합니다. 가정은 벽돌을 하나하나 쌓아 가는 것과 같습니다. 시간을 들여 오랜 시간 만들어 가는 것입니다. 실제로 가족 간 관계는 좋을 때도 있고 안 좋을 때도 있습니다. 그런 고비를 넘기며 세월이 흐르다 보면 우정은 점점 깊어져 가고 견고해집니다. 이런 필리아의 사랑은 우리 삶을 행복하게 합니다.

필리아가 가진 힘은 대단합니다. 사람의 외적인 아름다움은 세월이 흐르면 시들어집니다. 어쩔 수 없이 서로에게 외적인 조건들은 축소되고 소멸될 수밖에 없습니다. 그런 조건에 매달려 있다면 불행해질 수밖에 없습니다. 그러나 우정의 필리아를 쌓아가면 서로를 사랑으로 견고하게 받쳐 주게 됩니다. 아이들을 키울 때는 서로를 바라보는 시간을 갖기 어려웠지만, 아이들이 크고 나면 부부는 이전보다 훨씬 더 만족한 시간을 보낼 수 있습니다. 점점 사랑이 깊어져 감을 느낄 수 있습니다. 배우자를 최고의 친구이자 소울 메이트로 여길 수 있습니다. 그래서 나이가 들수록 부부 사이에는 필리아가 매우 중요합니다.

때로는 뜨겁게 때로는 따뜻하게

세 번째 사랑은 '에로스'입니다. 부부 사이는 우정으로만 지탱할 수 없습니다. 하나님과의 대화나 영적인 교제도 필요하지만, 인간에게는 에로스도 중요합니다. 에로스란 관능적인 사랑, 성적이고 선정적인 사랑입니다. '에로틱(erotic)'이라는 단어의 어원이 바로 에로스입니다. 에로스의 사랑은 열정적입니다. 푹 빠지게 하는 사랑입니다.

아가서에 등장하는 솔로몬과 술람미 여인의 사랑이 에로스를 제대로 보여 줍니다. 강하고 즐거운 사랑에서 강력한 에너지가 나옵니다. 인간은 에로스를 통해 에너지를 얻습니다. 그래서 하나님은 하와를 창조하셨습니다.

부부의 친밀한 성을 만드신 분은 하나님이십니다. 부부는 에로스의 사랑을 통하여 한 몸 됨을 깊이 경험해야 합니다. 신앙생활을 열심히 한다는 것 때문에 부부간의 에로스를 소홀히 하는 것은 건강한 삶이 아닙니다. 그래서 성경은 부부 관계 안에서 임의로 분방하지 말라고 가르칩니다.

> "서로 분방하지 말라 다만 기도할 틈을 얻기 위하여 합의상 얼마 동안은 하되 다시 합하라…"(고전 7:5)

분방하지 말라는 말은 '방을 따로 쓰지 말라'는 말입니다. 부부 간에 에로스를 소홀히 다루지 말라는 뜻입니다. 현대 가정들은 너무 많이 분방합니다. 위험한 일입니다. 에로스를 피하는 것도, 의무적인 관계로만 대하는 것도 안 됩니다. 부부 간의 에로스는 그 어디에서도 경험할 수 없는 깊고 아름다운 축복입니다.

그럼에도 에로스는 위험한 면이 있습니다. 순간적으로 불타오르는 정욕과 분별하기 어렵습니다. 그러나 이 둘은 분명히 다릅니다. 정욕의 불이 꺼지면 고통뿐입니다. 사랑이란 매우 민감하고 인격적이고 상호적인 것이기 때문입니다. 인간의 사랑은 단순한 외적 행위만으로 만족되지 않습니다. 하나님이 그렇게 만들어 놓으셨습니다. 세상이 만들어 놓은 사랑의 왜곡, 에로스의 왜곡은 이기적인 관계를 만들 뿐입니다.

그래서 에로스는 반드시 언약 관계 안에서 다루어져야 합니다. 합법적으로 맺어진 부부의 울타리를 벗어난 에로스는 무섭고 위험합니다. 우리는 분명히 기억해야 합니다. 하나님은 부부라는 관계 안에서만 에로스를 누리도록 디자인하셨습니다. 아울러 부부 사이라도 상대를 내 만족을 위한 도구로 여기지 않아야 합니다. 에로스 사랑이 이기적으로 흐르지 않도록 노력해야 합니다.

그래서 에로스를 온전히 나누기 위해서는 아가페가 함께 있어야 합니다. 기본적으로 아가페가 내적인 만족을 이끌어 주어야 필리아나 에로스도 나눌 수 있습니다. 모든 사랑을 행할 수 있는 에너지원은 하나님이 주시는 아가페에서 나오기 때문입니다. 아무리 부부 사이가 좋아도 그 사랑을 계속 유지하는 힘은 내가 아니라 하나님께로부터 나옵니다. 우리의 신앙이 하나님과 바른 관계 안에 있지 않으면 안 되는 이유가 여기 있습니다.

이 세 가지 사랑에서 무엇을 이해해야 합니까? 사랑이란 간단한 등식이 아니라는 것입니다. 부부간은 물론 우리 삶 속의 사랑을 다양한 모습으로 경험해야 합니다. 아가페의 사랑을 경험하는 동시에 에로스를 경험해야 합니다. 우리에게는 에로스가 필요함과 동시에 필리아가 필요합니다. 서로 필요한 시기와 요소가 다를 뿐입니다. 신앙적으로는 어려움이 없고 은혜를 받고 있지만, 왠지 외로움이 밀려올 때가 있습니다. 그 이유는 부부간에 에로스 혹은 필리아의 사랑이 부족하기 때문입니다. 인간은 수직적 사랑과 수평적 사랑이 모두 필요합니다.

　시간이 지나면서 사랑의 방식에는 변화가 필요합니다. 아가페의 사랑이 필요한 순간이 있습니다. 서로 힘들지만 어려운 고비를 이겨내고 서로에게 책임을 다하는 행동을 보여야 합니다. 때로는 에로스가 필요한 순간이 있는가 하면 필리아의 사랑이 필요한 순간이 있습니다. 어떤 때는 뜨겁게, 때론 은은하게 사랑할 줄 알아야 합니다. 서로를 바라보고 차를 마시고, 충분히 대화하고, 함께 손을 잡고 길을 걸으며 우정을 쌓아 가는 것도 필요합니다. 그렇게 둘도 없는 친구로서 정서적 만족을 함께 누리는 것입니다. 다양한 사랑을 통해 아름다운 가정을 이루어 가는 것입니다.

　사랑이 없으면 아무것도 아닙니다. 결국은 사랑만 남습니다. 사랑한 것만 영원합니다. 다른 건 다 사라집니다. 사랑이 모든 것을 여는 열쇠입니다. 아가페, 필리아, 에로스 이 세 가지의 사랑이 구체적으로 삶 속에 일어나길 기대합니다.

부부 톡톡! (Talk Talk!)

1. 하나님이 보여 주신 '아가페'는 조건 없는 사랑입니다. '그럼에도 불구하고' 사랑
   하는 것입니다. 지금 나에게 아가페 사랑이 있는지 생각해 봅시다. 배우자에게
   무언가를 요구하고 있지 않은지 돌아봅시다.

   _____

   _____

2. 아가페는 감정보다 의지로 나누는 사랑입니다. 처음 결혼할 때 가졌던 마음과
   지금 마음을 비교해 봅시다. 여전히 배우자를 사랑하기로 결단하고 있습니까?

   _____

   _____

   _____

3. 함께한 시간이 길어질수록 사랑의 열기는 줄어드는 게 당연합니다. '필리아'가
   되기 때문입니다. 이는 나쁜 현상이 아닙니다. 오히려 부부가 편안한 관계가 되
   어 사랑이 더욱 깊어질 수 있습니다. 함께함이 안정감으로 다가오는 것입니다.
   우리 부부는 필리아를 경험하고 있나요?

   _____

   _____

4. 어떤 사람들은 "우리 부부는 전우애로 살아요"라고 말합니다. 어려움을 함께 이겨 내며 더욱 깊은 관계가 되었다는 말입니다. 우리 부부가 지금 통과하고 있는 어려움이 있나요? 서로를 어떻게 격려하고 세워 주나요?

---

5. 우리 부부는 '에로스'를 경험하고 있나요? 서로를 향한 매력을 느끼며 뜨겁게 사랑하나요? 상대방의 어떤 매력에 끌려 결혼했는지, 지금은 어떤 장점이 있는지 생각해 보고, 배우자의 장점(매력)을 한 가지씩 나눠 봅시다.

---

6. 아가페는 모든 사랑의 근원입니다. 나는 하나님의 사랑을 경험하고 있나요? 영적으로 충만함을 느끼기 위해 부부가 함께할 수 있는 것은 무엇일지 나눠 봅시다.

Part 3

하나님, 아담을 부르시다

행복한 가정을 위하여

문제 해결은 하나님 손에 달렸습니다

9 여호와 하나님이 아담을 부르시며 그에게 이르시되 네가 어디 있느냐 10 이르되 내가 동산에서 하나님의 소리를 듣고 내가 벗었으므로 두려워하여 숨었나이다… 21 여호와 하나님이 아담과 그의 아내를 위하여 가죽옷을 지어 입히시니라

창 3:9-10, 21

네가 어디에 있느냐

오늘날 가정들이 많이 고통받고 있습니다. 가만히 보면 지금 우리만 고통받는 것이 아니고 우리 부모 세대들도 참 힘들게 살았습니다. 행복보다는 어려운 삶이었습니다. 아버지의 아버지, 어머니의 어머니를 봐도 마찬가지입니다. 거슬러 가면 창세기 3장까지 갑니다.

아담과 하와의 문제는 결국 무엇입니까? 죄를 지은 인간이 스스로 자신의 문제를 해결할 수 있다고 착각한 것입니다. 왜 그런 착각을 할까요? 인간이 얼마나 철저히 망가졌는지를 모르기 때문에 그렇습니다. 인간의 죄로 망가진 것은 인간의 힘으로 복구할 수 없습니다. 성경적 관점의 인간론은 완전히 깨어지고 망가졌습니다. 사고 난 자동차를 더 이상 고칠 수 없으면 폐차하고 새로 사는 것이 낫습니다. 인간의 상태가 폐차 수준이 되었습니다. 고쳐서 적당히 쓸 수 있는 정도가 아닙니다. 완전히 망가졌습니다. 전적인 타락입니다. 우리의 힘으로 행복에 도달할 수 있다고 여기는 것은 착각입니다. 죄인 된 인간이 함께 모여 살아가면 죄의 부산물로 사고들이 끊임없이 일어날 뿐입니다. 망가진 가정을 회복하고 치료하는 능력이 우리 안에는 없습니다. 많은 사람이 자신의 능력, 재력, 경험치로 해결하려고 합니다. 조금만 더 노력하면, 조금만 더 돈을 벌면, 조금만 더 나은 집에 가면 행복이 올 것처럼 생각하는데, 안 됩니다. 인간의 편에서는 기분 나쁜 판정일지 모르지만 성경은 분명히 말씀합니다.

끝날 듯 문제가 끝나지 않는 것은 근원적으로 해결되지 않아서 그렇습니다. 가정에 문제가 생기면 근원적인 해답, 즉 바른 방법을 찾아야 합니다. 답은 어디에 있습니까? 바로 본래의 자리로 돌아가는 것입니다. 본래의 자리가 어디입니까? 하나님을 떠난 인간이 하나님에게로 돌아가는 것입니다. 하나님에게로 돌아가려면 선행되어야 하는 것이 하나 있습니다. 그것은 내가 어디 있는지를 확인하는 것입니다. 그래서 하나님이 찾아오셔서 아담에게 물으십니다.

"네가 어디 있느냐"(9절)

지금 우리 가정은 어디에 있습니까? 어떤 상태에 있습니까? 하나님이 물어보십니다. 자기 모습을 정확히 보라고 하십니다. 우리가 문제의 핵심에 접근하지 못하는 이유는 심각성을 보지 못하고 회피하기 때문입니다. 자신의 실체를 보지 못하기 때문입니다. 그걸 들여다볼 용기조차 없어서 그냥 덮어 버리는 것입니다. 해결할 능력도 없으니 그저 대충 사는 것입니다.

아담도 죄를 짓고 하나님 앞에 바로 설 자신이 없어 숨었습니다. 그런데 하나님이 지금 부르십니다. 하나님이 찾기 힘들어서 부르신 게 아닙니다. 네 처지를 제대로 보라고 부르신 것입니다. 내가 누구인지를 모르는데 내 안에 일어나는 문제, 가정의 문제를 내가 어떻게 해결합니까? 내가 누구인지도 모르는데, 어디에서부터 문제가 꼬였는지를 어떻게 알겠습니까?

헨리 나우웬(Henri Nouwen)의 말처럼 우리는 내비게이션은 갖고 있는데 목적지의 주소가 없습니다. 돌아갈 집의 주소가 없는데 내비게이션이 무슨 소용이 있겠습니까? 내가 누구고 어디에 있느냐는 이 근원적인 질문에 답을 해야 하는데, 이것을 할 수 없는 것입니다. 자신의 상태를 모르는 것입니다. 우리 가정이 얼마나 망가졌는지, 우리의 부부의 관계 안에 어떤 문제가 있는지 전혀 알지 못합니다. 그러다 어느 날 문제가 터지고 마는 것입니다.

다윗은 영성이 뛰어났고 하나님께 참사랑을 받았던 사람입니다. 신앙심도 깊었고 사울의 옷깃을 조금 자른 일로도 양심의 가책을 느꼈습니다. 하나님의 기름 부으심을 받은 왕에게 조금도 손을 대지 않으려고 했습니다. 그런데 나중에 밧세바 사건이 일어납니다. 남의 아내를 빼앗고 그 남편을 죽입니다. 이 정도 죄는 아주 심각하기 때문에 다윗처럼 감수성이 예민한 사람이라면 괴로워서 견디고 살 수 없어야 합니다. 그런데 별일 없이 일 년을 지냅니다. 그러던 어느 날 나단 선지자가 다윗을 찾아와 알아듣기 좋은 예화를 하나 들려줍니다. 누가 들어도 그 이야기는 자기를 지칭하고 있었습니다. 그런데 다윗은 다 듣고 난 다음 "그 벌 받아 마땅한 나쁜 놈이 누구냐?"라고 합니다. 자기 이야기인 줄은 꿈에도 생각을 못 합니다. 자신이 얼마나 망가진 상태에 있는지 전혀 인식하지 못 합니다.

하나님은 지금 우리에게도 물으십니다.

"네가 어디에 있느냐?"

이 질문은 쉽고도 어렵습니다. 하나님을 떠난 인간은 길을 잃었습니다. 자기가 누구인지를 모릅니다. 자기가 지금 어디에 있는지, 어디로 가는지 알 수가 없습니다. 아프리카의 거대한 산양 떼들이 한 번씩 집단 몰살을 하는 경우가 있습니다. 연구해 보니 이것은 자살극이 아니고, 산양 무리 가운데 한 놈이 갑자기 뛰면 다른 양들도 어디로 가는지 모르고 그냥 따라 뜁니다. 밀려가며 뛰다 보니 멈추지 못합니다. 그러다가 벼랑이 나타나면 속수무책으로 추락하고 마는 것입니다. 우리의 가정은 지금 어디에 놓여 있습니까? 절벽 끝을 향해 달려가고 있지는 않습니까?

어느 유명한 심리학자가 그의 책에서 오늘날 한국 사회를 향해 집단적으로 중2병에 걸렸다고 했습니다. 아찔한 상황 속에 있는데도 그냥 가고 있답니다. 그래서 벼랑 끝으로 향하는지도 모르고 달리다가 속수무책으로 떨어지고 마는 것입니다. 그대로 두면 큰일 날 일인데 그냥 막연하게 버티고 있습니다. 자녀도 놓치고 배우자와의 관계도 놓칩니다. 일주일 동안 대화 한 번 없는 부부가 상당하다고 합니다. 필요한 대화는 핸드폰 문자메시지로 나눈다는 것입니다. 그런 우리에게 하나님이 말씀하십니다.

"네가 지금 어디에 있느냐?"

돌아가야 해결될 문제

주님이 왜 우리에게 찾아오십니까? 예수님은 죄를 따지기 위해 찾아오시는 분이 아닙니다. 오히려 문제를 해결해 주시기 위해서 오십니다. 하나님은 문제의 해결자이십니다. 우리 편에서 돕기를 원하십니다. 중요한 것은 우리의 반응입니다. 하나님이 원하시는 우리의 반응은 무엇일까요? 하나님께 돌아가는 것입니다. 하나님이 원래 에덴동산에서 의도하셨던 창조의 원형으로서의 가정으로 돌아가는 것입니다. 그럴 때 하나님은 이 세상 그 어디에서도 맛볼 수 없는 행복과 기쁨을 가정에서 맛보게 하십니다.

가정에서 주는 기쁨과 행복보다 더 큰 기쁨이 바깥에 있습니까? 그것은 매우 위험합니다. 이 세상에 그런 기쁨은 없습니다. 하나님이 의도하시지 않으셨습니다. 창조의 원형으로의 가정은 그 안에서 말로 다할 수 없는 기쁨과 즐거움과 행복을 누릴 수 있어야 합니다. 최초의 인류의 가정에는 상상을 초월하는 기쁨과 행복이 그 안에 있었습니다. 하나님이 만들어 놓으신 것입니다. 그것을 놓쳐 버리면 인생의 모든 것이 무너집니다.

그러므로 하나님은 돌아오라고 하십니다. 하나님을 떠남으로 찾아온 문제들은 하나님께 돌아오면 회복됩니다. 하나님께로 돌아오면 그 문제는 하나님이 해결해 주십니다. 답은 의외로 간단합니다. 시간이 흐르면 저절로 해결되는 것이 아닙니다. 내가 노력한다고 가정이 회복되는 것도 아닙니다. 가장 중요한 것은 우리가 하나님께로 돌아가는 것입니다. 인간의 노력은 한계가 있습니다. 우리는 언제나 연약한 죄인입니다. 죄인이 살아 내는 삶은 죄입니다. 그러니 죄인과 죄인이 만나 결혼하면 그 가정은 죄의 부산물 때문에 고통을 겪을 수밖에 없습니다. 우리가 추구해야 할 것은 우리를 창조하신 하나님께로 돌아가는 것입니다.

하나님은 우리에게 해결할 길을 만들어 놓고 돌아오라고 말씀합니다. 길은 예수 그리스도입니다. 우리가 예수님께로 나아가면 살길이 열립니다. 우리 가정에서 일어나는 모든 문제의 해답은 그리스도 안에서 주어집니다. 그리스도가 답입니다. 복음이 답입니다. 하나님의 은혜가, 하나님의 사랑이, 하나님의 말씀이 답입니다. 하나님은 우리를 고통과 불행에서 벗어나게 해 주시려고 그리스도를 보내셨습니다. 모든 불행의 근원인 죄를 해결하시기 위해서 그리스도가 오셨습니다. 그러므로 우리는 그리스도에게로 돌아가야 합니다.

하나님은 수치심에 숨고 감추는 아담과 하와에게 가죽옷을 입혀 주십니다. 가죽옷은 복음입니다. 인간이 자기 방법과 수단으로 몸을 가리려고 했지만 실패했습니다. 그 실패를 뒤로하고 하나님께서 완전한 옷, 가죽옷을 지어 주신 것입니다. 가죽옷을 지으려면 짐승을 잡아야 합니다. 피를 흘려야 합니다. 그제야 비로소 완전한 옷이 만들어집니다. 이것이 복음입니다. 덮어 주심의 은혜입니다. 하나님의 용서와 덮어 주심의 은혜를 경험한 사람은 상대의 허물과 약점을 덮어 줄 수 있는 은혜가 있습니다. 내가 하나님께로부터 말로 다 할 수 없는 용서와 그 죄사함의 은혜를 받았기 때문에 배우자의 연약함과 허물을 덮어 줄 수 있는 은혜가 그리스도 안에서 주어집니다. 감추고 숨기는 것보다 드러내는 것이 훨씬 더 좋다는 것을 복음 안에서 깨닫기 때문에 이제 더 이상 숨기려고 하지 않는 것입니다.

우리가 행복을 위해 해야 할 것은 새로운 방법을 찾는 것이 아닙니다. 우리 가정에 절실한 것은 그리스도입니다. 그리스도가 없는 가정은 불행을 끌어안고 사는 것과 똑같습니다. 그리스도가 없는 가정에 온전한 용서가 일어날 수 있겠습니까? 그리스도를 통한 하나님의 사랑을 경험하지 못한 사람이 누구를 사랑할 수 있겠습니까? 복음을 믿는 사람은 죄를 숨기려고 하지 않습니다. 자기를 방어하려고 애쓰지 않습니다. 십자가를 통한 하나님의 끝없는 용서와 사랑을 경험한 사람들은 죄를 가리기 위해 몸부림치지 않습니다. 하나님 앞에 나아가서 용서를 얻을 뿐만 아니라 그 실수가 상대에게 영향을 미쳤을 때도 그에게 가서 솔직하게 자신의 연약함을 고백하고 용서를 구합니다.

그런데 미련한 인간은 언제나 인간적 수단과 방법으로만 해결하려 하고, 하나님께로 돌아가는 것만 빼고 다른 노력과 수단과 방법을 기울이는 데 바쁩니다. 해결할 수 있는 단 한 가지 길만 빼고 온갖 방법과 수단을 구하는 데 몸부림을 칩니다. 그것이 인간의 미련함입니다. 그러므로 가정의 해체, 위기, 어려움, 불행, 고통의 근원적인 문제는 우리의 신앙에서부터 다시 돌아보아야 해결됩니다. 정말 하나님을 하나님으로 모시고 살아가고 있습니까? 하나님을 우선순위에 두고 있습니까? 하나님이 계셔야 할 자리에 다른 것을 주인으로 모시고 있지는 않습니까? 주일예배만 형식적으로 드릴 뿐, 내 마음과 수단과 능력으로 삶을 아름답게 꾸미려고 애쓰고 있지는 않습니까? 행복은 우리가 만들어 내는 것이 아닙니다. 하나님께로 돌아갈 때 주어지는 것이 행복입니다. 하나님을 섬길 때 주시는 것이 행복입니다. 우리가 별짓을 다해도 하나님께로 돌아가지 않으면 모든 것은 헛것입니다.

우리의 신앙을 다시 한번 확인하는 기회가 되어야 합니다. 하나님과 나와의 관계를 확인하는 것입니다. 하나님께로 다시 돌아갈 때 존재의 회복이 일어납니다. 그럴 때 다른 사람을 복음 안에서 품고 용서하고 이해하고 인내할 수 있는 용기를 하나님이 허락하십니다. 그때 우리 가정 안에 허락하신 놀라운 계획과 축복들이 더 풍성해지는 은혜의 역사가 일어나게 됩니다.

우리가 추구할 것은 내 개인의 행복이 아니라 오직 하나님 한 분뿐입니다. 그때 하나님이 우리의 행복을 책임져 주십니다. 우리는 창세기 3장에서 원론적인 답을 얻어야 합니다. 아담과 하와의 깨어진 관계는 하나님을 떠난 순간 일어난 결과입니다. 그러므로 하나님께로 돌아가야 합니다. 그럴 때 우리 가정이, 부부가 온전하게 될 줄 믿습니다. 아무리 망가져도 하나님이 기가 막히게 회복시켜 주실 것입니다. 예수 그리스도가 주인 되어 주실 것입니다. 주인이 이끌어 가시는 가정이야 말로 세월이 흐르면 흐를수록 더 깊어지고 더 아름다워질 줄 믿습니다.

부부 톡톡! (Talk Talk!)

1. 하나님은 아담에게 '네가 어디 있느냐' 물으셨습니다. 그가 죄인의 자리에 있다는 사실을 지목하시는 것입니다. 지금 나는 어디에 있나요? 스스로를 죄인이라고 생각하나요? 언제 내가 죄인이라고 느끼나요?

2. 배우자와의 갈등의 원인은 무엇이라고 생각하나요? 배우자 탓이라고 생각하나요? 아니면 죄로 망가진 내 내면 때문이라는 설명에 동의하나요?

3. 인간은 문제가 발생했을 때 자신의 능력, 재력, 경험치로 해결하려 노력합니다. 그러나 근원적인 죄 문제가 해결되지 않으면 언제나 한계에 부딪힙니다. 결혼생활 중에 노력했는데 해결되지 않은 문제는 없나요? 우리 부부가 자주 갈등하는 부분은 무엇인가요?

4. 결혼은 죄인과 죄인의 결합입니다. 그래서 당연히 갈등합니다. 죄가 갈등을 만들기 때문입니다. 그렇다면 죄를 해결할 방법은 무엇일까요? 갈등 해결을 위해 나는 무엇을 하고 있나요? 혹시 회피로 일관하고 있지는 않나요?

5. 그리스도의 십자가 앞에 나아가면 무한한 용서와 사랑을 만납니다. 이것은 우리 삶에 어떤 영향이 있을까요? 복음으로 배우자를 대한다는 말은 어떤 의미인지 구체적으로 나누어 봅시다.

6. 우리는 '믿음의 가정'이라는 말을 들으면 율법적인 행위를 떠올리기 쉽습니다. 함께 주일을 지키거나 가정예배를 잘 드리고 봉사를 열심히 하는 등의 모습입니다. 그러나 믿음의 가정은 행위로 만들어지지 않습니다. 복음으로 하나 되는 것입니다. 하나님의 마음으로 서로를 용서하고 용납하는 사랑의 관계입니다. 나는 배우자에게 율법을 강요하고 있지는 않나요? 복음 안에서 연약함을 사랑하고 있나요? 그렇게 하기 어려운 이유가 있다면 무엇일까요?

가정을
말하다

10과

복음은 용납하고 사랑합니다

5 너희가 그것을 먹는 날에는 너희 눈이 밝아져 하나님과 같이 되어 선악을 알 줄 하나님이 아심이니라 6 여자가 그 나무를 본즉 먹음직도 하고 보암직도 하고 지혜롭게 할 만큼 탐스럽기도 한 나무인지라 여자가 그 열매를 따먹고 자기와 함께 있는 남편에게도 주매 그도 먹은지라 7 이에 그들의 눈이 밝아져 자기들이 벗은 줄을 알고 무화과나무 잎을 엮어 치마로 삼았더라 8 그들이 그 날 바람이 불 때 동산에 거니시는 여호와 하나님의 소리를 듣고 아담과 그의 아내가 여호와 하나님의 낯을 피하여 동산 나무 사이에 숨은지라 9 여호와 하나님이 아담을 부르시며 그에게 이르시되 네가 어디 있느냐 10 이르되 내가 동산에서 하나님의 소리를 듣고 내가 벗었으므로 두려워하여 숨었나이다 11 이르시되 누가 너의 벗었음을 네게 알렸느냐 내가 네게 먹지 말라 명한 그 나무 열매를 네가 먹었느냐 12 아담이 이르되 하나님이 주셔서 나와 함께 있게 하신 여자 그가 그 나무 열매를 내게 주므로 내가 먹었나이다 창 3:5-12

감추고 숨길 때 깨지는 관계

아담과 하와가 선악과를 따 먹은 후에 한 행동이 무엇입니까? 무화과나무 잎으로 치마를 만들어 입었습니다(7절). 죄의 결과로 수치심, 상실감, 박탈감, 불안감 등 이전에 없던 것들이 몰려왔습니다. 불행이 닥친 것입니다. 만약 그때 숨지 않고 솔직히 자신을 드러내 도움을 구했다면 살 수 있었습니다. 부부 사이도 숨기는 것이 많으면 관계가 틀어지기 시작합니다. 어떻게 가립니까? 자기 정당화를 합니다. 자신의 실수와 잘못은 인정하지 않습니다. 나처럼 착하게 사는 사람도 많지 않다고 우깁니다. 특별히 사회가 도덕적으로 수준이 낮아지면 개인의 합리화는 더욱 교묘해집니다. 불륜을 저지르면서 배우자 역시 사랑하고 있다는 이상한 말을 합니다.

스스로 옷을 만들어 입는 행위는 종교적 열심과도 같습니다. 종교적 열심으로 죄를 가릴 수 있습니까? 헌금을 많이 하고 남을 구제한다고 해서 죄를 지은 부끄러움이 사라집니까? 교회에서는 좋은 평가를 받지만 깊은 곳을 들여다보면 죄로 덮여 있는 사람이 많습니다. 일종의 위장술입니다. 신앙의 이름으로 종교생활하면 안 됩니다. 자기 모습을 종교의 옷으로 숨기려고 해서는 안 됩니다. 종교적인 열심을 다할수록 하나님께로부터 멀어질 뿐입니다.

예수님 시대 바리새인들이 그랬습니다. 의의 옷을 입을 때 자신의 죄는 안 보이고 상대방의 죄는 선명하게 보입니다. 갈수록 자신의 약점을 감추는 기술이 탁월해집니다. 결국 바리새인들은 자신의 의로움을 부각

시키고 상대의 약점을 들추어내는 일에 힘을 썼습니다. 자신의 정당성을 확보하느라 혈안이 되었습니다. 문제가 많을수록 더 그럴듯해 보이려고 애를 씁니다. 비판을 잘하는 사람들의 특징을 보면 자기방어적입니다. 자기 안에 더 큰 죄가 숨겨져 있어서 그렇습니다.

인간의 노력은 무화과나무 잎을 엮어 치마로 삼는 것과 같았습니다. 불완전한 행위일 뿐입니다. 무화과나무 잎은 몸을 가리기에는 역부족이었습니다. 금세 말라 버렸습니다. 인간의 연약함과 실수를 그대로 둔다면 우리에게는 소망이 없습니다. 그런 인간에게 하나님이 찾아오셨습니다. 그리고 짐승을 잡아 피 흘려 만든 가죽옷을 입혀 주셨습니다. 죄를 범한 인간을 용서하시고 하나님의 구원 역사를 이루신 것입니다. 이것이 복음입니다. 우리는 예수 그리스도의 십자가 사건으로 용납되고 의롭다 여김을 받았습니다. 끝없는 실수와 연약함에도 구원하시는 하나님의 이야기, 그것이 복음입니다.

하나님은 우리 가정에도 찾아오셔서 구원을 베풀어 주십니다. 인간의 실수와 연약함, 허물과 약점이 가장 많이 드러나는 곳이 가정입니다. 우리는 밖에서는 긴장하면서 인간관계에 애쓰지만, 가정에서는 말과 행동을 함부로 할 때가 많습니다. 아무리 완벽한 사람이라도 가정 안에서는 적나라한 인간성을 드러낼 수밖에 없습니다. 연약함이 그대로 노출되어 가족 안에서 아픔과 상처를 겪는 경우도 많습니다. 그러므로 가정에 복음이 살아 있어야 합니다. 복음이 역사하면 회복과 치유를 경험할 수 있습니다.

그렇다면 복음이 살아 있는 가정은 어떤 곳일까요? 가면을 쓰지 않는 가정에 복음이 살아 있습니다. 부부가 각자 비밀창고를 하나씩 만들어 놓으면 그것은 폭탄을 안고 사는 것과 같습니다. 함께 살지만 갈수록 둘 사이에 담만 더 높아져 갑니다. 평소 마음속에 숨겨진 것을 자꾸 나눠야 합니다. 힘들면 힘들다고 말하십시오. 거짓말을 했으면 거짓말을 했다고 고백해야 합니다. 괜히 자신의 실수를 다른 것으로 덮으려고 해서는 안 됩니다. 어떤 사람은 분노로 자신의 잘못을 덮으려고 합니다. 괜히 화를 벌컥 낸다면 무엇인가 숨기는 것이 있을 가능성이 큽니다. 부부 사이에 무엇인가 숨길 수 있을 거라 생각합니까? 모든 것은 드러나게 되어 있습니다. 같이 살다 보면 배우자의 작은 감정까지도 읽어 냅니다. 남편이 무엇을 숨기고 있는지 어디에 마음을 빼앗기고 있는지 척 보면 알 수 있습니다.

복음 안에서 드러내라

우리는 '의의 옷'을 입습니다. 남편들이 입는 전형적인 의의 옷은 '아침부터 밤늦게까지 가족을 위해 죽도록 일만 해 왔다'고 주장하는 것입니다. 아내들의 의의 옷은 '빠듯한 형편에도 집안 살림하고 가족들 뒷바라지로 희생해 왔다'고 주장하는 것입니다. 이런 주장들은 나도 할 만큼 했다는 '자기 의'를 입는 것입니다. 이것은 자기 스스로 만든 옷일 뿐입니다. 그럼에도 사람들은 잘못을 정당화하고 부끄러움을 숨기기 위해 자기 의를 주장합니다. 그러다 보면 스스로를 정직하게 들여다볼 수 없습니다. 거짓말하는 동안에는 자기의 존재, 가정 안에서 일어나고 있는 진짜 문제를 알기가 어렵기 때문입니다. 가면을 벗어야 문제가 해결되는데 그러면 내가 죽는다고 생각하고 벗지 않습니다.

바깥에서는 얼마든지 연극할 수 있습니다. 교회에 와서도 마찬가지입니다. 그런데 집에서는 연극이 불가능합니다. 숨기는 것들이 있으면 틈이 벌어집니다. 마귀는 그 틈을 이용합니다. 마귀는 틈 사이에 들어가 분열을 일으키는 귀재입니다. 정직해지는 것은 처음에는 두렵고 위험합니다. 그래서 죄를 짓는 순간 자꾸 안전거리를 유지하려 합니다. 나도 모르게 상대로부터 마음이 멀어집니다. 이때 드러내는 용기가 필요합니다. 마음을 열어야 합니다. 결국 드러날 일을 미리 드러내는 것이 현명합니다.

부부 관계 속에 가장 위험한 것은 의심입니다. 신뢰가 깨어지면 다시 쌓는 데 시간이 오래 걸립니다. 물론 솔직해지는 순간 많은 어려움이 닥칠 수 있습니다. 따라서 솔직해지기 위해서는 복음 안에서 서로에 대해 열린 태도를 보여야 합니다. 복음이 없는 가정이 솔직해지면 폭로전이 벌어집니다. 공격적으로 바뀌고 서로에게 수치를 줍니다. 그러나 복음이 있으면 편안하게 정직해질 수 있습니다. 왜냐하면 이미 우리는 복음을 통하여 존재 밑바닥까지 모두 드러낸 사람들이기 때문입니다.

복음이 무엇입니까? 하나님이 십자가를 통해서 친히 우리의 수치를 가려 주신 것입니다. 내가 나를 가리려고 할 필요가 없습니다. 내가 만든 의의 옷을 벗고 하나님이 만드신 의, 곧 십자가의 복음을 붙들면 누가 뭐라고 하더라도 나는 복음 안에서 자유를 얻게 됩니다. 나를 방어하거나 위장할 필요가 없습니다. 그러므로 예수 그리스도의 십자가의 은혜를 기억하고 정직해야 합니다. 내 부족함과 잘못을 인정하고 가족들에게 용서를 구하고 미안하다고 표현할 수 있는 사람은 복음을 붙잡고 있는 사람입니다. 누군가 공격해 오면 놀라서 어쩔 줄 몰라 하며 자기방어 하기보다 자신의 연약함과 실수를 솔직하게 인정하기 바랍니다. 아빠가, 엄마가 부족한 것이 많다고, 남편으로서, 아내로서 잘못한 것을 용서해 달라고 고백하기 바랍니다. 이렇게 부부가 자기 가면을 벗고 솔직하게 고백할 때 그 가족의 관계가 회복될 수 있습니다. 가족 관계의 핵심은 친밀함입니다. 친밀한 관계 안에서 주어지는 에너지는 어마어마합니다. 아무리 오랫동안 교제했더라도 친밀함이 없다면 그 안에서 어떤 것도 주어지지 않습니다. 오늘 이 시대에 많은 사람이 아픔을 겪고 있는 이유 중 하나는 관계 안에 친밀함이 없기 때문입니다. 함께 살면서도 정신적 이혼 상태에 있는 부부가 많습니다. 남편이 밤늦게 집에 들어가면서 거짓말을 합니다. 거짓말은 또 거짓말을 만듭니다. 이렇게 부부 간에 친밀함을 누리지 못하기 때문에 함께 사는데도 외롭습니다. 외로움은 무서운 병입니다. 오늘날 급속도로 늘어가고 있는 정신적 질병, 우울증은 친밀감의 상실로부터 온 것입니다. 자신의 연약을 솔직하게 드러내지 않고 숨기려는 관계에서는 친밀함이 생길 수 없습니다. 사춘기 아이들이 호기심으로 술을 마시거나 담배를 피울 수 있지만, 그보다 더 나쁜 것은 그 행위를 숨기는 일입니다. 무엇인가를 숨기는 순간부터 그 인생에 죄와 어두움이 시작됩니다. 관계 안에 비밀이 있으면 시간이 흘러도 깊어지지 않습니다.

그러므로 우리의 관계 안에 연약함이 드러날 때 그것을 인정하고 솔직하게 말해야 합니다. 복음을 붙든다는 것은 예수 그리스도의 십자가를 통해 우리의 모든 죄와 허물을 덮어 주신 은혜를 믿음으로 더는 감추거나 가면을 쓰지 않는 것입니다. 진실하고 정직하게 드러내려는 노력입니다. 부부 사이에서도 문제를 터놓고 무엇이든 이야기할 수 있는 관계가 되어야 합니다. 그것이 복음 안에서 함께하는 관계입니다. 부모와 자녀 안에도 어떤 것이라도 터놓고 이야기할 수 있어야 합니다. 숨기거나 비밀이 있다면 문제가 시작된 것입니다. 그 비밀에 사탄이 틈탑니다. 어두움은 관계를 깨뜨립니다. 그러면 사람이 싫어지고 관계를 두려워하게 됩니다. 가정 안에서 그런 문제가 생긴다면 심각합니다. 그러므로 가족 관계 안에 숨기는 것이 있는지, 기꺼이 드러내려고 하는지 확인할 필요가 있습니다.

복음이 있는 가정은 무엇이든지 드러냅니다. 연약과 실수, 문제를 감추려 하지 않습니다. 혹여 내 안에 연약함이 있을 때에는 도움을 요청하고 함께 기도로 풀어 간다면 어떤 것도 그 가정에 틈탈 수 없습니다. 정직함이 가정을 살리고 관계를 회복시킵니다. 나를 있는 그대로 솔직하게 인정하고 드러내야 합니다. 가면을 쓸 필요가 없습니다. 복음이 역사하는 것입니다.

복음은 허물까지 용납하고 덮어 주는 것

아담과 하와는 범죄 후 눈이 밝아졌다고 했습니다. 하나님에 대해서는 눈이 어두워지고 서로의 약점과 허물을 보는 눈이 밝아졌다는 뜻입니다. 그래서 서로를 바라볼 때 수치심이 생겼습니다. 판단과 정죄의 눈으로 바라봅니다. 이에 대한 하나님의 처방은 짐승의 가죽옷이었습니다. 신약의 관점에서 이 가죽옷은 우리의 수치를 단번에 가려 주신 예수 그리스도의 십자가 사건입니다.

"그러므로 이제 그리스도 예수 안에 있는 자에게는 결코 정죄함이 없나니"

(롬 8:1)

십자가의 은혜는 덮어 주는 것입니다. 우리가 죄가 없는 것도 아니고 앞으로 죄를 짓지 않는 것도 아닙니다. 그럼에도 예수 그리스도의 십자가를 붙잡으면 우리를 죄 없다고 해 주십니다. 칭의, 모든 허물을 덮어 주시는 은혜입니다. 반대로 율법은 들추어냅니다. 율법 앞에서는 모두 죄인이 됩니다. 율법적 가정의 분위기는 살벌합니다. 서로를 정죄하는 데다가 모두 자기 방어적입니다. 부모가 자녀에게 때때로 분노를 느끼는 것은 기대치가 높기 때문입니다. 자녀가 그 기준에 들지 못하면 주눅들게 만듭니다. 아이들의 범죄 기록부를 줄줄 외워 대며 잔소리합니다. 결혼한 지 2-30년이 지났는데도 부부가 싸울 때 결혼 초기의 실수, 결혼 예단 문제 등을 생생하게 기억하고 끄집어냅니다.

죄는 남의 허물을 자꾸 들추어내지만, 복음은 덮어 줍니다. 대홍수 이후 노아는 술에 취해 대낮에 옷을 다 벗고 드러누워 있었습니다. 둘째 아들 함은 아버지의 추태를 동네방네 떠들고 다녔습니다. 아버지의 수치를 들추어낸 죄 때문에 함뿐만 아니라 그의 후손까지 저주를 받습니다. 그러나 셈과 야벳은 뒷걸음질하여 아버지의 수치를 가려 주었습니다. 이것이 가정 안에서 복음의 모습입니다.

우리는 모두 죄인입니다. 모두 용서가 필요한 존재입니다. 완전한 사람은 아무도 없습니다. 다만 복음의 은혜로 의롭다 함을 받았을 뿐입니다. 복음이 우리에게 내린 은혜 중 은혜입니다. 따라서 그 은혜를 받은 우리는 다른 사람의 죄를 덮어 주어야 합니다. 내가 용서해 주지 않는다면 나도 언젠가 용서를 받을 수 없습니다. 우리 자신을 그대로 드러내고 고백하며 용서를 구할 때 그것이 바로 함께 살아가는 비결입니다.

> **"여호와는 긍휼이 많으시고 은혜로우시며 노하기를 더디 하시고 인자하심이 풍부하시도다"**(시 103:8)

하나님은 끊임없이 눈감아 주셨습니다. 실수하거나 죄를 지었을 때 수치감을 심어 주는 것은 문제 해결에서 옳은 방식이 아닙니다. 싸울 때 상대에게 모욕이나 수치를 준다면 복음적 태도라 할 수 없습니다. 가정만큼 덮어 줌의 은혜가 필요한 곳이 없습니다. 배우자나 자녀가 실수했을 때가 바로 복음을 보여 줄 기회입니다. '복음이 아니면 나는 죽었는데 아빠가, 엄마가 나를 살려 주는구나' '남편이 나를 참아 주는구나' '아내가 내 허물을 덮어 주는구나' '이것이 복음이구나'를 느끼게 해 주어야 합니다. 상대의 약점과 실수를 공격하지 말고 주님이 우리에게 하셨던 것처럼 용납하고 사랑으로 대해야 합니다.

어느 가정이나 아픔이 있습니다. 서로가 실수합니다. 무던히도 싸웁니다. 그러나 싸움이 꼭 나쁜 일은 아닙니다. 서로 다른 사람이 만나 함께 살아가는 동안 싸우는 일은 지극히 정상적입니다. 갈등을 이상하게 여기지 말고 자연스럽게 받아들여야 합니다. 그러나 지혜롭게 싸워야 합니다. 싸움을 하나의 과정으로 보고 얼마든지 회복할 수 있다는 사실을 믿어야 합니다. 배우자와 충돌할 때마다 내 안에 있는 이기심을 확인해야 합니다. 건강하고 행복한 가정이 되려면 많은 것을 포기해야 합니다.

죄성은 수시로 자기중심적인 삶으로 돌아가려고 합니다. 처음에는 '나만 노력한다고 갈등이 해결되는가?'라는 생각이 들고 손해 보는 것 같겠지만, 머지않아 내가 포기한 것보다 훨씬 더 크고 풍성한 행복이 몰려올 것입니다. 틀어지고 깨어지고 갈등에 휩싸여 있다고 해도 조금씩 회복을 시도하십시오. 복음으로 초대하십시오. 복음이 우리 가정 안에 역사하면 됩니다.

"무엇보다도 뜨겁게 서로 사랑할지니 사랑은 허다한 죄를 덮느니라"
(벧전 4:8)

복음은 능력이 있습니다. 아무리 망가져도 회복된다는 믿음을 가지면 됩니다. 복음이 사람을 변화시킵니다. 율법을 붙잡으면 모두가 죽고 희망이 없습니다. 그러나 복음이 살아 있는 가정은 덮어 주는 은혜가 있습니다. 돌아온 탕자에게 아버지는 아들의 과거에 대해서 언급조차 하지 않습니다. 그가 조금이라도 수치심을 가지지 않도록 제일 좋은 옷을 입히고 손에 가락지를 끼우고 발에 신을 신기는 장면은 완벽한 복음의 모습입니다. 가족 관계 안에서 허물과 약점을 드러내지 말고 덮어 주기 바랍니다. 상대의 허물과 약점을 다 알고 있지만 모른 체해 줄 때 상대가 감동합니다. 복음 외에는 희망이 없습니다.

죄는 수치심, 서로에 대한 정죄감, 하나님에 대한 두려움, 자기 자신에 대한 무가치함을 몰고 오는 원인이 됩니다. 눈이 너무 밝아지는 것이 문제입니다. 서로를 바라볼 때 편안하지 않았습니다. 그래서 무화과나무 잎으로 치마를 만들어 입었습니다. 자아상에 문제가 생긴 것입니다.

꾸밀 필요가 없는 하나님의 걸작품을 잃어버린 것입니다. 죄로 일어난 수치심이 부정적인 자아상을 만들었습니다.

이런 깨어진 자아상은 인간이 해결할 수 없습니다. 수많은 사람이 자기 힘으로 해결하려고 애쓰지만, 불가능합니다. 학력에 목을 매고, 외모에 목숨을 걸지만, 그럴수록 더 불안하고 두려워집니다. 어두운 자아상은 내면에 깊은 상처를 만들 뿐입니다. 그러면 남을 대할 때에도 날카로운 상처가 드러납니다.

영혼과 관계를 무시하고 파괴하는 언어는 우리를 불행하게 만듭니다. 돈을 많이 벌어 와야 남편을 사랑합니까? 아내가 늘 건강하고 멋져야 사랑할 수 있습니까? 그런 조건들을 가지고 사랑한다면 사랑받을 사람이 얼마나 될까요? 우리는 모두 구원받을 수 없는 사람들입니다. 그런데 하나님이 우리를 구원하셨습니다. 하나님과 원수 되었던 우리가 이제 하나가 되었습니다. 그런 역사가 우리 가정에서도 일어날 수 있습니다. 어떤 가정이라도 회복될 수 있습니다. 복음이 깃들면 상대의 단점조차 아름답게 보입니다. 우리는 있는 모습 그대로를 받아들이고 사랑해야 합니다. 그것이 복음입니다.

사랑의 능력은 우리에게서 나오지 않습니다. 하나님이 우리에게 베푸신 사랑을 경험해야 합니다. 하나님의 사랑이 내 안에 충만해지면 다른 사람을 사랑하는 것은 어렵지 않습니다. 서로 복음 안에서 조금씩 노력하기로 결단한다면 어느 가정이든지 하나님은 놀랍게 바꾸어 놓을 수 있다는 것을 믿기 바랍니다. 복음이 우리를 다시 회복시킬 때 우리에게는 영광의 회복, 자존감의 회복이 일어납니다. 복음이 있기에 비교하지도, 비교당할 이유도 없습니다. 하나님이 우리를 얼마나 사랑하시는지를 알기에 삶에 안정감이 있습니다. 하나님은 내가 무엇을 더 갖추거나 외적인 조건이 좋아서가 아니라, 있는 모습 그대로 받아주시고 이 땅에 유일한 한 사람으로 사랑해 주시기 때문입니다.

그래서 복음 안에서 회복된 자아상을 가진 사람은 다른 사람에 대해서도 매우 긍정적입니다. 내 모습 이대로 사랑하시는 하나님의 은혜를 누리기에 다른 이도 있는 그대로 사랑할 수 있습니다. 상대방을 긍정적으로 바라보고 함부로 대하지 않습니다. 배우자를 하나님이 사랑하시는 아들과 딸로 존귀하게 대합니다.

복음이 살아 있는 가정은 자아상의 회복에서 시작합니다. 그러려면 상대방을 탓하기 전에 먼저 내가 복음 안에 서야 합니다. 복음 안에서 인정과 용납을 경험해야 배우자를 복음으로 대할 수 있기 때문입니다. 이런 복음을 경험할 때, 가정 안에 복음의 역사가 일어납니다. 관계가 회복되고, 깨어진 부분이 회복되고, 하나님의 존귀한 백성으로 설 수 있습니다.

부부 톡톡! (Talk Talk!)

1. 우리는 어려서부터 '실수하지 않는 사람'이 되도록 교육받았습니다. 그래서 자신의 약점을 인정하고 드러내기가 어렵습니다. 나는 자신을 숨기는 편인가요, 솔직하게 드러내는 편인가요? 자기 내면을 솔직하게 털어놓지 못한다면 그 이유는 무엇인가요?

2. 가면을 쓰지 않으려면 '용서를 보장받아야' 합니다. 그래서 복음을 가진 사람이 가면을 벗을 수 있습니다. 예수님은 이미 우리의 모든 죄를 용서하셨기 때문입니다. 나는 이 복음을 받아들였나요? 복음의 정신으로 다른 사람들을 대하고 있나요?

3. 복음이 있는 가정은 모든 것을 드러낼 수 있고 용서할 수 있습니다. 서로의 약점을 정죄의 대상으로 바라보지 않기 때문입니다. 배우자의 연약한 부분을 어떻게 대하고 있나요? 부부 사이에 복음이 작동하고 있나요?

4. 복음이 모든 것을 드러낸다는 말은 '과거의 죄를 꺼낸다'는 의미가 아닙니다. 하나님은 과거를 기억하시지 않습니다(히 8:12). 하나님 앞에서 회개했다면 그 죄는 이미 용서받았습니다. 그러므로 더 이상 과거의 죄에 얽매여 있을 필요가 없습니다. 부부가 함께 아래 말씀을 읽고 '아멘'으로 고백해 봅시다.

> "그런즉 누구든지 그리스도 안에 있으면 새로운 피조물이라
> 이전 것은 지나갔으니 보라 새 것이 되었도다"(고후 5:17). 아멘!

5. 결혼은 복음 안에 하나가 되어야 합니다. 한 몸은 사랑의 연합입니다. 그래서 부부는 서로를 용서하고 사랑하기로 약속하고 실천해야 합니다. 부부가 서로를 바라보고 남편과 아내 순서로 다음 문장을 읽어 봅시다.

> "이 순간부터 남편 _____은(는) 예수님의 복음을 힘입어
> 아내 _____의 모든 실수와 연약함을 용납하고
> 돌아보지 않겠습니다.
> 과거가 아닌, 미래를 바라보며 복음으로 사랑하겠습니다."

> "이 순간부터 아내 _____은(는) 예수님의 복음을 힘입어
> 남편 _____의
> 모든 실수와 연약함을 용납하고
> 돌아보지 않겠습니다.
> 과거가 아닌, 미래를 바라보며 복음으로 사랑하겠습니다."

6. 부부가 손을 잡고 복음이 살아 있는 가정이 되길 2-3분 정도 기도합시다.

11과

가정은 상처를 회복하는 곳입니다

26 하나님이 이르시되 우리의 형상을 따라 우리의 모양대로 우리가 사람을 만들고 그들로 바다의 물고기와 하늘의 새와 가축과 온 땅과 땅에 기는 모든 것을 다스리게 하자 하시고 27 하나님이 자기 형상 곧 하나님의 형상대로 사람을 창조하시되 남자와 여자를 창조하시고 28 하나님이 그들에게 복을 주시며 하나님이 그들에게 이르시되 생육하고 번성하여 땅에 충만하라, 땅을 정복하라, 바다의 물고기와 하늘의 새와 땅에 움직이는 모든 생물을 다스리라 하시니라 창 1:26-28

사랑하고 싶은데 사랑할 수 없는 우리

오늘날 세상은 가정의 문제를 보편화합니다. 모든 가정에 문제가 있는 것처럼 여겨 심각하게 생각하지 않고 극소화합니다. 이는 우려할 만한 일입니다. 우리 삶의 모든 문제는 결국 가정에서 출발하기 때문입니다. 각 가정의 문제는 그것 자체로만 끝나지 않고 사회 전반에 영향을 줍니다. 가정의 문제는 우리가 생각하는 것보다 더 심각성이 큽니다.

그래서 가정은 반드시 회복되어야 합니다. 하나님이 의도하셨던 창조 원형으로의 회복을 꿈꿔야 합니다. 가족 관계가 더욱 발전하고 행복해질 수 있도록 온 힘을 쏟을 필요가 있습니다. 이를 위해 창세기를 살펴봐야 합니다. 가정 문제의 근원은 결국엔 '죄의 문제'이기 때문입니다. 우리 삶에 깊이 뿌리내린 교묘하고 다양한 죄를 이해해야 합니다. 관계를 깨는 것, 자존심의 문제, 상처를 주고받는 것 모두 죄의 문제입니다. 죄는 우리 삶의 모든 영역에 영향력을 행사하고 있습니다.

창세기 1장은 인간이 하나님의 형상대로 창조되었다고 말합니다. 외형만을 말하는 게 아닙니다. 사람의 영혼에는 하나님의 성품이 담겨 있다는 말입니다. 그래서 인간에게는 다른 피조물에서는 볼 수 없는 하나님의 영광이 서려 있습니다. 아담과 하와가 옷을 벗고 있어도 부끄러워하지 않았던 것은 그 사람 자체가 영광스러워서였습니다. 하나님의 형상이 있었기 때문입니다. 그래서 서로를 바라볼 때 탄사와 기쁨이 넘쳤습니다. 관계에 황홀함이 있었습니다.

그래서 인간은 창조물 중에 가장 존귀합니다. 그런데 죄로 인해 하나님의 영광의 모습이 깨어졌습니다. 인간 내면에 수치심과 두려움, 자신에 대한 부정적인 감정이 생겼습니다. 벗은 몸을 가리게 되었습니다. 하나님 앞에서 부정하고 변명하게 되었습니다. 건강한 자아상이 부정적인 자아상이 되면서 자신을 무가치하고 못마땅하게 여기기 시작했습니다. 상대방에게 불만족이 일어났습니다. 자아상이 깨어진 결과 자신을 건강하게 바라보지 못하고 다른 사람도 왜곡해서 바라보게 된 것입니다.

우리 가정에 역기능적 문제가 생기는 이유가 여기에 있습니다. 가정의 기초인 부부에게 이미 자아상이 깨어져 있습니다. 범죄한 이후의 인간은 정상적인 관계를 맺을 수 없는 상태이기 때문입니다. 죄의 영향력 아래에서 사는 사람은 모두 결함이 있습니다. 사랑하고 싶지만, 잘 안 됩니다. 고운 말을 하고 싶지만 삐딱한 말이 나옵니다. 상대가 내게 좋은 말을 했는데도 꼬여서 들립니다. 비정상적인 상태에 놓여 있습니다.

죄로 망가진 인간은 진정한 사랑을 잃어버렸습니다. 마치 고슴도치 가족과 같습니다. 춥고 외로우면 서로 껴안지만, 가까이 다가갈수록 가시에 찔려서 아픕니다. 가족이기 때문에 거부할 수 없지만, 대화할수록 상처를 줍니다. 연휴에 나들이 갔다가 싸우고 옵니다. 부부끼리도 사랑하기 원하지만 사랑하려고 할수록 힘듭니다. 가정 안에 상처가 많습니다. 죄 때문에 깨진 자아상은 우리 삶의 모든 부분에 영향을 끼칩니다.

무너진 자존감을 회복시키시는 주님

가정에서 자존감을 회복해야 합니다. 가족 구성원이 서로를 존귀하게 여기고 대해야 합니다. 그렇게 긍정적인 자아상이 형성되면 상처를 잘 안 받습니다. 당당하고 자신감 있게 살아갑니다. 그러나 인격이 훼손되고 자존감에 상처를 입은 사람은 날카롭습니다. 누가 웃으면 나를 비웃는다고 생각하고, 누가 귓속말을 하면 내 이야기를 한다고 생각합니다. 그래서 사고를 치기도 합니다.

자존감은 하나님의 약속에서 나옵니다. 구원받은 사람들은 하나님의 존귀한 자녀가 되기 때문입니다. 그 아들을 십자가에서 대신 죽게 하실 만큼 나를 사랑하신 하나님을 만나면 흔들리지 않는 자존감을 가질 수 있습니다. 스스로를 만왕의 왕이신 하나님의 자녀로 여기기 때문입니다. 이것은 예수 그리스도 안에서 우리에게 주신 은혜입니다.

사도 바울은 "그런즉 누구든지 그리스도 안에 있으면 새로운 피조물이라"(고후 5:17)고 했습니다. 신자를 새로운 피조물이라고 말합니다. 잃어버렸던 자아상을 예수 그리스도 안에서 다시 회복했다는 것입니다. 하나님의 형상, 죄 때문에 사라졌던 하나님의 영광이 우리에게 다시 회복되었다는 것입니다. 그리스도 안에서 존귀한 하나님의 자녀가 되었기에 자신을 함부로 폄하하거나 가치를 절하할 수 없습니다. 누가 뭐라고 하든지 나는 하나님 안에서 아주 가치 있는, 누구에게도 평가받을 수 없는 존재라고 생각하는 것입니다.

이와 같은 자아 존중감을 가져야 합니다. 복음을 경험한 사람들은 이것이 가능합니다. 하나님의 은혜를 체험하면 스스로를 긍정적으로 바라보게 되기 때문입니다. 과거에 실수와 허물이 있는 사람이었습니다. 그는 사도가 되기 전에 예수를 믿는 사람들을 잡아 가두고 죽였습니다. 전통적인 기독교에서 받아들이기에 그는 죄가 컸습니다. 그런 그가 자신의 과거 실수와 연약함에 연연하지 않았던 이유는 무엇일까요? 그는

"내가 나 된 것은 하나님의 은혜"(고전 15:10)라고 말합니다. 과거가 어떠해서, 현실의 삶이 어떠해서 존재하는 것이 아니고, 나의 존재는 오직 하나님의 은혜라는 것입니다.

이것이 복음의 능력입니다. 복음 안에서 인간은 자신을 긍정적으로 바라보게 됩니다. 누가 무슨 소리를 해도 주눅 들지 않습니다. 정서적으로 안정됩니다. 다른 사람의 평가에 연연하지 않고 복음 안에서 그 안정감을 유지합니다. 자신에 대한 만족감이 내 행위가 아니라 그리스도에게 뿌리를 두고 있기 때문입니다. 이런 복음의 능력 위에서 가족 관계의 변화가 일어납니다. 내가 존귀하다는 사실을 아는 것에서 나아가 다른 사람을 존귀하게 여길 수 있기 때문입니다.

예수님도 제자들에게 자존감을 심어 주는 일을 많이 하셨습니다. 시몬에게 '게바'라는 이름을 주셨는데, '게바'는 반석이라는 뜻입니다. 사실 시몬은 감정 기복이 크고 변덕스러운 사람이었습니다. 그런데 주님이 게바라고 불러 주셨습니다. 반석과 같은 견고한 삶을 살라는 격려의 의미였습니다. 예수님이 십자가를 지시기 전에 베드로는 예수님을 부인하고 실패하여 절망했습니다. 그때 부활하신 주님이 실의와 좌절에 빠진 베드로를 찾아가셨습니다. 다시 사랑을 확인시키고 일으켜 세우셔서 사도로 헌신하게 하셨습니다.

주님은 무너진 자존감을 다시 일으켜 세우십니다. 복음은 과거가 어떠하더라도 다시 시작할 수 있다는 것을 가르쳐 줍니다. 복음의 말씀을 듣다 보면 자신감이 충만해집니다. 오늘 하나님은 복음 안에서 우리 가정에 회복이 일어나기 원하십니다. 다시 용기와 소망을 갖고 우리 안에 낙심하고 무너진 자존감을 회복하기 원하십니다.

살리는 말과 죽이는 말

우리 가정에 가장 필요한 것은 성공과 돈이 아닙니다. 사랑과 인정입니다. 실수와 연약함에 대해서 서로 충분히 격려해야 합니다. 백 마디의 잔소리보다 한마디의 격려가 훨씬 더 강력합니다. 따뜻한 한마디가 가정 안에서 관계를 얼마나 회복시키는지 모릅니다. 한 사람의 인격과 가치를 무너뜨리는 말은 사라져야 합니다. 서로의 가치를 존중히 여겨야 합니다. "나에게는 당신이 필요해" "우리 가정에는 당신이 없으면 안 돼" 하고 한 사람이 얼마나 소중한 존재인가를 느끼게 만드는 환경이 필요합니다. 문제와 해결법은 이미 스스로 알고 있습니다. 그저 사랑으로 격려하면 회복이 일어납니다. 그러면 스스로 변화하는 능력이 생깁니다.

치유가 일어나는 가정은 언어가 다릅니다. 칭찬과 격려의 언어가 풍성합니다. 가족 모두가 가치 있고 존귀한 존재라는 인식을 가질 수 있도록 우리의 언어가 변해야 합니다. 특히 누군가 실패했거나 연약한 모습을 보일 때 격려가 필요합니다. 베드로가 실패하여 실의에 빠져 있을 때 주님이 찾아오셔서 다시 시작하게 하신 그 복음이 필요합니다.

오늘날 남편들의 자존감이 얼마나 무너져 있는지 모릅니다. 이 도시 사회에서 한 가정의 생존을 책임지고, 직장과 사업의 터전에서 어려움과 아픔을 겪으면서 지쳐 있습니다. 누구에게도 말 못 할 상처를 끌어안고 있습니다. 그런데 무능하다는 외적 잣대로 인격을 흔들어 놓으면 죽고 싶다는 생각밖에 안 듭니다. 아내들도 마찬가지입니다. 넉넉하지 않은 살림을 꾸려 가는 것이 쉽지 않습니다. 거기다 나이가 들어 가면서 건강과 외모에 대한 자신감을 잃으면서 우울해집니다. 이럴 때 남들과 비교한다면 삶에 의미를 잃을 수도 있습니다. 우리는 배우자의 있는 그대로를 받아 주어야 합니다. "당신의 그 모습이 매력적이야"라고 말해 주는 것입니다. 배우자를 바라볼 때 아무 조건을 달지 말고 있는 그대로 봐 주어야 합니다.

'심슨네 가족들(The Simpsons)'이라는 미국 TV 애니메이션이 있습니다. 1989년에 시작된 이 애니메이션은 심슨 가족의 좌충우돌 일상을 통해서 실패와 성공, 자존감에 관한 이야기를 다룹니다. 그 내용이 사람들의 마음을 움직여 현재까지 인기리에 방영되고 있습니다. 한 에피소드에서 가장인 호머 심슨은 대머리가 치료되면서 회사에서 승진합니다. 그런데 다시 대머리가 되자마자 간부직을 잃게 되어 힘없이 집으로 돌아옵니다. 그때 아내인 마지 심슨이 이렇게 이야기합니다.

"신경 쓸 것 없어요. 어쨌든 우리 가족은 당신을 사랑하니까요."

그때 호머의 어깨가 다시 힘을 얻는 모습이 클로즈업됩니다. 사회에서는 소외되고 상처받을지라도 그 절망의 때에 아내의 말이 남편을 일으키고 자존감을 회복시키는 것입니다. 일상 속에서 아내와 남편은 아이들 앞에서 서로 "당신이 최고야"라는 말을 습관처럼 해야 합니다.

우리는 살면서 격려보다는 비난을 더 많이 합니다. 격려가 좋은 걸 알면서도 실천하지 못할 때가 많습니다. 이제 바꿔야 합니다. 비난이나 책망의 말보다는 사랑과 격려의 말, 있는 그대로 인정해 주는 말이 가정 안에서 일어나야 합니다. 말에는 위력이 있습니다. 선포하면 선포하는 대로 됩니다. 자녀의 얼굴이 좀 못생겨도 자꾸 예쁘다고 말하면 그 아이 안에 자존감이 회복됩니다. 부모가 확신에 차서 "너는 정말 예뻐"라고 말한다면 그 아이는 어느 순간 자신감을 가지고 자신을 단장하기 시작합니다. 문제는 외모가 아니라 부정적 자아상 때문에 자기 스스로 포기하는 마음에 있습니다. 무너진 자존감의 문제가 더 심각합니다. 외모보다 내적 안정과 건강이 더 중요합니다. 그것이 얼굴에 묻어나면 아름다움이 됩니다. 아이들에게도 "너는 잘할 수 있다"는 긍정의 메시지를 계속 주는 것이 너무나 중요합니다.

가족 관계 안에 서로를 세워 주는 회복이 일어나야 합니다. 서로 축복하고 격려하고 자신감을 심어 주고 개인의 인격과 존엄성을 충분히 인정해 주고 마음껏 격려해 주는 것입니다. 그때 하나님이 그 말과 같이 이루어 주십니다. 김춘수 시인의 "꽃"이라는 시를 한 번쯤 들어 봤을 것입니다. 시는 "내가 그의 이름을 불러 주기 전에는 / 그는 다만 / 하나의 몸짓에 지나지 않았다. / 내가 그의 이름을 불러 주었을 때, / 그는 나에게로 와서 / 꽃이 되었다."고 노래합니다. 그의 이름을 불러 준다는 것은 그의 의미, 존재, 가치를 인정해 준다는 말입니다. 그때 그는 비로소 꽃이 됩니다.

우리 가족 관계에서도 모두가 꽃처럼 피어나야 합니다. 그런데 우리는 가족에게 수 없는 정죄와 비난의 말을 쏟아 놓습니다. 상대방의 인격을 손상시키고 영혼이 움츠러들고 우울하고 자존감이 무너져 살 의욕을 놓아 버리게 만들기도 합니다. 이제 변해야 합니다. 회복을 꿈꿔야 합니다. 자녀를 성적이나 시험 점수로 바라보지 않아야 합니다. 남편을 연봉으로 평가하지 말아야 합니다. 아내를 외적 조건으로 바라보지 않아야 합니다. 그 사람 안에 있는 하나님의 영광스러운 형상을 바라봐야 합니다. 하나님이 우리를 사랑하시는 것처럼 우리도 가족을 사랑의 눈으로 바라봐야 합니다. 서로의 허물을 덮어 주고 존귀하다 인정할 때, 가정은 이 세상의 아픔을 회복하는 곳이 됩니다.

먼저 나를 사랑해야 합니다. 그리스도 안에서 존귀한 존재로서의 내 가치를 인정할 때 이웃을 내 몸처럼 사랑할 수 있습니다. 부모는 아주 어린 아이라도 존중해야 합니다. 아이는 소유물이나 부속품이 아닙니다. 내가 못다 이룬 꿈을 이뤄 주거나 한을 풀어 줄 도구가 아닙니다. 그를 존중하고 격려하고 칭찬하고 세워 줄 때, 한 송이 아름다운 꽃으로 피어나, 그것이 가정의 향기가 되고, 가정을 천국으로 만드는 역사가 일어날 것입니다. 격려의 언어로 가정을 채우면 치유와 회복의 역사가 일어날 것입니다.

부부 톡톡! (Talk Talk!)

1. 부부가 다투는 이유는 남녀 차이기 전에 죄의 결과입니다. 죄가 부정적인 자아상을 만들어 상대방을 부정적으로 바라보게 만듭니다. 이 부분에 동의하나요? 최근에 죄의 영향력을 경험한 적이 있나요?

2. 사랑하고 싶지만 잘 안될 때가 있습니다. 나도 모르게 부정적인 말과 행동을 할 때도 있습니다. 그럴 때 나는 자신과 상대방에게 어떻게 하나요?

3. 가정은 나를 바라보는 시각을 만드는 장소입니다. 나는 스스로를 어떻게 바라보나요? 긍정적인가요, 부정적인가요?

4. 예수님은 제자들에게 새로운 이름을 지어 주심으로 무너진 자존감을 회복시
키셨습니다. 우리 부부는 서로를 어떻게 부르나요? 배우자를 존귀하게 여기
는 애칭을 정하고 이유를 설명해 봅시다. 그리고 서로 바라보며 애칭으로 불
러 봅시다.

_____

_____

_____

5. 김춘수 시인의 '꽃'이라는 시를 찾아서 천천히 낭독해 봅시다. 어떤 생각이 드나
요? 나는 배우자의 이름을 부르고 그 존재를 인정해 주고 있습니까?

_____

_____

6. 지금까지 배우자에게 상처 준 말은 없는지, 격려하지 못한 것은 없는지 생각해 봅시다. 그리고 상대방을 향한 사랑의 편지를 적어 봅시다. 각자 적은 후에 집 안에 숨겨 두고 보물찾기 하듯 찾아서 서로 바꿔 읽어 봅시다.

12과

우리는 가정에서 행복해야 합니다

5 보라 여호와의 크고 두려운 날이 이르기 전에 내가 선지자 엘리야를 너희에게 보
내리니 6 그가 아버지의 마음을 자녀에게로 돌이키게 하고 자녀들의 마음을 그들
의 아버지에게로 돌이키게 하리라 돌이키지 아니하면 두렵건대 내가 와서 저주로
그 땅을 칠까 하노라 하시니라 말 4:5-6

남과 비교해 봐야 남는 것은 상처뿐

바벨론 포로 귀환 이후, 이스라엘에 발생한 문제 중 하나는 가정의 해체였습니다. 이것은 단순한 사회 문제가 아니었습니다. 심각한 영적 타락이었습니다. 그리스도인들에게 가정은 단순히 남자와 여자가 만나서 행복을 이루어 가는 의미가 아닌, 하나님의 언약 안에 있는 관계이기 때문입니다. 가정은 하나님 나라를 이루는 가장 기초적인 사랑 공동체입니다.

그래서 말라기 선지자는 백성들에게 "아버지의 마음을 자녀에게로 돌이키게 하고 자녀들의 마음을 그들의 아버지에게로 돌이키게 하리라"(6절)고 명령합니다. 여기서 '돌이키다'라는 말 안에는 '하나가 되다'라는 의미가 있습니다. 가족은 서로에게 마음을 쏟아 하나 됨을 이루어야 한다는 것입니다. 그럴 때 진정한 행복이 있습니다.

오늘날 경제는 진보했지만, 행복은 오히려 더 후퇴했습니다. 왜 그렇습니까? 아무리 돈을 많이 벌고 좋은 환경이 되어도 우리 안의 자아 중심적 이기심이 해결되지 않으면 행복할 수 없기 때문입니다. 죄로 오염된 인간의 이기심은 나의 행복을 위해서 상대를 압박하고 닦달합니다.

이런 현상은 가정에서도 일어납니다. 가족 간에도 내 행복, 내 만족, 내 즐거움을 위해 상대가 존재하는 것처럼 대합니다. 그래서 "남편에게 상처받았다" "아내에게 상처받았다" "힘들다"라는 말을 자세히 들여다보면 사실 나를 힘들게 하는 것은 상대가 아니고 '나 자신'입니다. 나 중심적 삶, 나를 만족시키고 살아가고 싶은 욕망에 지배당하는 것입니다.

이기심에서 자유롭지 않으면 인간은 끊임없이 상처받을 수밖에 없습니다. 이기심은 서로를 비교하고 평가하며 다툼을 만들기 때문입니다. 실제로 어떤 부부는 부부 나눔 모임에 참석하기만 하면 집에 가면서 싸운다고 합니다. 아내가 "그 집 남편 진짜 괜찮더라. 집에서는 설거지도 다 한대. 아내에게 그렇게 살갑게 잘해 준대" 하면 남편이 화가 나서 "그럼 그 남자랑 가서 살아라!" 한다고 합니다. 반대의 경우도 비일비재합니다. 가족을 남과 비교하며 판단하는 것입니다. 이런 이기심에서는 행복이 나올 수 없습니다.

부부는 이기심을 버려야 합니다. 그러려면 십자가를 붙들어야 합니다. 하나님이 그리스도의 십자가로 우리 죄를 다 덮어 주셨음을 믿어야 합니다. 이 믿음이 있어야 서로를 대할 때 정죄하지 않을 수 있습니다. 상대방이 더는 죄인으로의 수치심, 정죄감이 들지 않도록 대해야 합니다. 이것이 가정 안에 복음이 들어오는 방법입니다.

에덴동산에서 아담과 하와는 벌거벗었지만 서로 부끄러워하지 않았습니다(창 2:25). 범죄 이전이었기에 그들에겐 수치심이 없었습니다. 오늘날에도 부부는 이 관계를 회복해야 합니다. 연약함을 품어 주는 것입니다. 무언가 부족해도 수치로 여기지 않는 것입니다. 세상처럼 수치심을 주며 경쟁 구도를 만들면 안 됩니다. 부부는 상대방의 실수를 받아 줘야 합니다. 그 가정이 복음이 있는 가정입니다. 세상 모든 사람이 다 내쳐도 가족은 지지해 주어야 합니다.

물론 부부가 함께 살아가다 보면 서로에게 실망할 때가 많습니다. 기대감이 깨지기도 합니다. 드라마를 보면 돈 많고 잘생긴 남자가 사랑하는 여자의 생일이라고 꽃다발에 값비싼 선물까지 준비해 깜짝 파티를

해 줍니다. 그런 드라마를 보다가 옆을 보면 배 나온 남편이 코를 골고 자는데 그 모습에 깜짝 놀랍니다. 남편도 마찬가지입니다. 직장에 나가면 젊고 예쁜 여자가 많습니다. 결혼 전에는 아내도 그랬던 것 같습니다. 그런데 집에 오니 육아와 살림에 찌든 아내가 잔소리를 해댑니다. 이처럼 결혼 후 마주하는 현실은 서로를 사랑하기 어렵게 만듭니다. 그래서 가정에는 십자가 사랑이 필요합니다.

사랑에는 요구가 없는 것

인간에게서 나온 사랑은 한계가 있습니다. 죄인은 이기적이고 철저히 자기중심적일 뿐입니다. 능력 있고, 돈 많이 벌고, 미모가 뛰어나서 사랑한다면 진짜 사랑이 아닙니다. 생각해 보십시오. 진짜 사랑은 실패했을 때 더 뜨겁게 사랑해 주는 것입니다. 실패하고 연약하고 사랑할 수 없는 상황에도 사랑하는 것입니다. 이런 사랑은 하나님이 주신 사랑을 경험할 때 가능합니다.

"우리가 아직 죄인 되었을 때에 그리스도께서 우리를 위하여 죽으심으로 하나님께서 우리에 대한 자기의 사랑을 확증하셨느니라"(롬 1:8)

하나님은 "우리가 아직 죄인 되었을 때" 먼저 사랑해 주셨습니다. 우리가 어떤 기준을 충족시켰기 때문이 아닙니다. 사랑받을 조건이 없음에도 불구하고 "그리스도께서 우리를 위하여 죽으심으로 하나님께서 우리에 대한 자기의 사랑을 확증"하셨습니다. 예수를 믿는 우리 모두는 이 사랑을 받았습니다. 아직 죄인이었을 때, 원수였을 때, 연약할 그때에 우리 있는 모습 그대로 사랑해 주셨습니다. 이런 사랑이 부부 관계 안으로 들어와야 합니다. 그래야 가정에서 안식할 수 있습니다.

예수님 당시 율법주의는 사람을 판단하고 정죄하며 비교 평가했습니다. 바리새인들은 날마다 우리가 너희보다 얼마나 의로운가를 드러내기 위해서 신앙생활을 했습니다. 그때 예수님이 "수고하고 무거운 짐 진 자들아 다 내게로 오라 내가 너희를 쉬게 하리라"(마 11:28)라고 말씀하셨습니다. 여기서 '수고하고 무거운 짐'은 비교, 평가당하며 율법의 잣대로 정죄당하는 것입니다. 이것은 당시 이스라엘 사람들 사이에서는 일반적인 일이었습니다. 그러나 예수님은 율법의 잣대를 거부하셨습니다. 있는 모습 그대로, 연약한 모습 그대로, 무거운 짐을 진 상태 그대로 오라고 하셨습니다.

복음은 아무것도 요구하지 않는 사랑입니다. 용서하고, 이해하며, 받아주는 것입니다. 우리가 가정에서 경험해야 하는 것이 바로 이 복음입니다. 배우자에게 무언가를 요구하지 않습니다. 아이에게도 요구하거나 윽박지르지 않습니다. 어떤 기준이나 율법적 잣대로 정죄하고 평가하고 점수를 매기는 게 아닙니다. 세상에서 힘든 일을 겪었을 때, 가정은 더욱 사랑으로 품어 줘야 합니다. 가정에서 안식을 누릴 수 있어야 합니다.

누가복음 15장, 탕자의 비유에서 아버지의 모습이 바로 복음입니다. 당시 부모가 살아 있는데도 자식이 유산을 가져가겠다고 말하는 것은 부모더러 차라리 죽으라는 말과 다름없었습니다. 그런데 그렇게 불효를 하며 유산을 빼앗듯이 가지고 간 아들이 허랑방탕하여 거지가 되어 돌아옵니다. 그런데 그 탕자의 아버지는 어떻게 합니까? 아들의 모습 그대로 품어 줍니다. 온전히 받아들입니다. 그리고 가정 안에서 완전한 안식을 누리도록 합니다. 그것이 복음입니다.

예수님은 실패하고 디베랴 바닷가로 도망갔던 제자에게 찾아가 주시고, 다시 일으켜 주셨습니다. 우리는 이 복음을 가정 안에서 경험해야 합니다. 세상은 전쟁터지만, 가정 안에 들어오면 품고 위로하고 지지하고 안심을 누려야 합니다. 우리는 언제나 같은 편입니다. 그리스도 안에서 하나입니다. 이 사실은 우리 가정에 안정감을 줍니다. 이 안정감에서 가정이 회복됩니다.

그러므로 가정 안에서 그리스도를 놓치면 안 됩니다. 그리스도 중심적이어야 합니다. 그리스도가, 복음이 우리 가정 중심에 있게 하는 것입니다. 그러면 가족을 복음 안에서 조건 없이 사랑하고 섬기고 용서하고 이해하고 품을 수 있습니다. 이런 가정에 천국이 일어납니다. 세상의 어려움을 넉넉히 이길 힘이 이런 가정에 있습니다.

가정에 필요한 것은 부와 명예가 아니라 복음

가족들의 마음이 가정에서 떠나면 하나 됨이 깨집니다. 남편은 남편대로, 아내는 아내대로, 아이들은 아이대로 바깥으로 돌게 됩니다. 오늘날 한국 사회의 심각한 문제는 가정 안으로 들어가지 않는 것입니다. 따로따로 지냅니다. 한 공간에 있어도 따로 삽니다. 의미 있는 대화가 부족하기 때문입니다.

의미 있는 대화는 서로의 감정을 나누는 대화입니다. 이것은 '존중'에서 시작합니다. 부부는 서로를 존중해야 합니다. 내 생각만 말하는 게 아닙니다. 상대방의 마음을 알기 위해 다가가야 합니다. 요즘 상대방의 마음에 무엇이 있는지, 어떤 생각과 감정을 가지고 있는지, 내가 무엇을 위해 기도해야 하는지 진지한 대화가 필요합니다. 솔직한 감정을 나누며 하나가 되는 것입니다.

그래서 부부는 서로에게 시간을 내어 줘야 합니다. 가정의 우선순위를 부부 관계에 둬야 합니다. 대화를 위한 시간을 확보하는 것입니다. 이런 부부 대화는 신혼 때부터 시작해야 합니다. 이 시기부터 마음의 앙금을 쌓아 가면 안 됩니다. 처음부터 부부의 건강을 유지해야 합니다. 솔직하게 마음을 터놓으며 소통하는 것에 익숙해져야 합니다. 그렇게 부부 사이에 관계가 바르게 세워지면 가정에서 발생하는 대부분의 문제는 자동으로 해결됩니다.

가정이 무너지면 모든 게 무너집니다. 어떤 것도 가정 안에서 누리는 즐거움을 대신할 수 없습니다. 그 즐거움은 하나님이 주시는 것이기 때문입니다. 그런데 어떤 사람은 가족을 위해서 돈을 많이 벌고 세상적으로 성공했는데 가족은 잃어버립니다. 그러면 그 돈과 명예와 부는 무엇을 위해서 필요할까요? 아무 의미 없게 되는 것입니다.

가정 안에 복음이 다시 들어와야 합니다. 가족 관계가 회복되어야 합니다. 가정에서도 세상의 기준으로 평가하고 능력이 없다고 무능력자로 낙인을 찍어 버리면 안 됩니다. 특별히 지금 우리가 사는 세상은 치열한 경쟁 사회입니다. 힘이 없으면 억울한 일이 한둘이 아니고 돈이 없으면 무시당하는 세상입니다. 그런 기계같이 돌아가는 문명 속에서 사람들은 지쳤고 우울합니다. 세상에서 상처를 입은 사람이 많습니다. 경쟁 논리 속에 소모되어 갑니다. 그런데 가정에서마저도 그런 모습을 보인다면 우리는, 배우자는 도대체 어디로 가야 할까요?

우리는 다시 가정으로 돌아가야 합니다. 무엇보다 가정에 복음이 들어와야 하고 어디에서도 느낄 수 없는 하나님의 사랑을 부부의 관계 속에서 느껴야 합니다. 부부가 정말 사랑해야 합니다. '그럼에도 불구하고'의 사랑을 이루어 내야 합니다. 서로의 삶과 감정에 관심을 기울여야 합니다. 그렇게 부부의 사랑을 견고하게 만들어야 합니다.

그러면 세상이 아무리 힘들어도 다시 일어나고, 다시 시작하고, 용기를 가지고 다시 승리할 수 있습니다. 남편은 아내에게로, 아내는 남편에게로 마음을 기울여야 합니다. 부모는 자녀에게로, 자녀는 부모에게로 마음을 돌이켜 하나가 되어야 합니다. 그런 가정이 하나님의 언약을 이루는 공동체로 쓰임 받습니다. 그 안에서 참된 안식과 평안과 사랑과 행복을 누릴 수 있습니다. 우리가 다시 돌아가야 할 곳은 복음이 있는 가정을 만드는 삶의 현장입니다.

부부 톡톡! (Talk Talk!)

1. 연애할 때 배우자의 어떤 부분이 좋았나요? 지금 배우자의 장점은 무엇인가요? 나의 이기심을 버리고 한 가지 이상 배우자를 칭찬해 봅시다.

_____

_____

_____

2. 복음이 있는 가정은 서로의 연약함을 품어 줍니다. 상대방의 수치를 들추지 않고 덮어 줍니다. 혹시 나는 지금 배우자를 비교하고 판단하지 않나요?

_____

_____

_____

3. 하나님은 우리가 아직 죄인되었을 때에 우리를 사랑해 주셨습니다. 이 사랑은 가정에서 우리를 통해 재현되어야 합니다. 나는 배우자를 아무 조건 없이 사랑하고 있나요? 잘못했을 때 오히려 사랑을 표현하고 있나요?

_____

_____

_____

4. 부부가 손을 잡고 최근에 배우자가 실수한 것을 마음에 떠올려 봅시다. 내 마음이 불편했던 일이 있다면 그것을 떠올려도 좋습니다. 그리고 예수님의 이름으로 용서하기로 결단합시다.

   * 서로의 눈을 바라보며 "예수님의 이름으로 사랑합니다" 고백해 봅시다

5. 나는 배우자와 일주일에 얼마나 대화하나요? 부부가 대화하는 정기적인 시간을 가지고 있나요?

   대화를 나누는 정기적인 시간 : _____

   하루에 _____시간(회)
   일주일에 _____시간,

6. 아래 빈칸을 채우고 부부가 함께 읽어 봅시다.

   "나는 복음적 가정을 세우기 위해
   배우자를 _____하며
   _____하겠습니다."

13과

사랑은 표현해야 합니다

5 너희가 그것을 먹는 날에는 너희 눈이 밝아져 하나님과 같이 되어 선악을 알 줄 하나님이 아심이니라 6 여자가 그 나무를 본즉 먹음직도 하고 보암직도 하고 지혜롭게 할 만큼 탐스럽기도 한 나무인지라 여자가 그 열매를 따먹고 자기와 함께 있는 남편에게도 주매 그도 먹은지라 7 이에 그들의 눈이 밝아져 자기들이 벗은 줄을 알고 무화과나무 잎을 엮어 치마로 삼았더라 8 그들이 그날 바람이 불 때 동산에 거니시는 여호와 하나님의 소리를 듣고 아담과 그의 아내가 여호와 하나님의 낯을 피하여 동산 나무 사이에 숨은지라 9 여호와 하나님이 아담을 부르시며 그에게 이르시되 네가 어디 있느냐 10 이르되 내가 동산에서 하나님의 소리를 듣고 내가 벗었으므로 두려워하여 숨었나이다 11 이르시되 누가 너의 벗었음을 네게 알렸느냐 내가 네게 먹지 말라 명한 그 나무 열매를 네가 먹었느냐 12 아담이 이르되 하나님이 주셔서 나와 함께 있게 하신 여자 그가 그 나무 열매를 내게 주므로 내가 먹었나이다 13 여호와 하나님이 여자에게 이르시되 네가 어찌하여 이렇게 하였느냐 여자가 이르되 뱀이 나를 꾀므로 내가 먹었나이다 창 3:5-13

약점보다 장점을 보는 노력

건강한 가정을 이루기 위해서는 많은 노력이 필요합니다. 특별한 하나님의 은혜가 임하지 않으면 행복한 가정을 이루기가 어렵습니다. 젊은이들은 아름다운 가정을 이루겠다는 꿈에 부풀어 결혼합니다. 그러나 꿈이 산산조각 날 때가 많습니다. 행복은 우연히 오지 않을 뿐 아니라 지속하기도 어렵습니다. 많은 사람이 결혼을 휴양지에서의 단잠일 거라고 생각하지만, 사실 결혼은 에베레스트를 오르는 것과 비슷합니다. 수없는 사람들이 조난당하고 길을 잃어버립니다. 많은 대가를 치르지 않으면 가정을 지켜 내기 어렵습니다. 이것이 죄 때문에 찾아온 결과입니다.

그렇다면 하나님이 의도하신 가정은 어떤 모습일까요? 그리고 어떻게 회복할 수 있을까요? 마귀는 "너희가 그것을 먹는 날에는 너희 눈이 밝아져 하나님과 같이 되어 선악을 알 줄 하나님이 아심이니라"(5절)라며 하와를 유혹합니다. 선악을 안다는 것과 하나님을 동격으로 다루고 있습니다. 선악을 알게 하는 나무를 먹는다는 것은 무엇을 의미합니까? 인간이 선과 악을 구별하는 지식을 하나님을 아는 지식보다 더 우위에 두게 된다는 말입니다. 이때 문제가 생깁니다.

선악에 대한 기준이 하나님이 아니고 자기 자신이 되는 순간 불행이 시작됩니다. 하나님의 기준이 아닌 자신의 기준과 판단으로 살아가면 전쟁이 벌어집니다. 아담과 하와는 선악과를 따 먹은 이후 이전에는 보지 못했던 상대의 약점을 봤습니다. 서로를 향한 사랑스러운 시선은 온데간데없이 사라지고, 이제 죄와 허물이 보이기 시작했습니다. 선악과 사건 이후에 관계가 살벌해지고 불편함이 생겼습니다. 아담과 하와의 관계만이 아닙니다. 선악과 사건 이후에 그들은 에덴에서 쫓겨났고, 곧 그의 아들 가인이 아벨을 판단하고 결국 돌로 쳐 죽이게 됩니다. 그야말로 가정의 비극사가 펼쳐졌습니다. 가까운 관계 안에서 판단하고 정죄하는 마음이 일어났습니다.

사람들은 비판을 많이 합니다. 누군가를 비판하는 행위는 자신이 신의 자리에 앉은 것과 같습니다. 하나님의 위치에 서서 판단하는 것입니다. 누군가를 비판할 때 우리는 교만해집니다. 다른 사람을 비난하는 순간 교만의 죄를 짓습니다. 아담의 후예는 다른 사람의 문제를 지적하고 들추어내는 일을 좋아합니다. 어떤 가정을 보면 싸울 때 상대의 약점에 대해 맹공을 퍼붓습니다. 잊어버릴까 봐 메모까지 하면서 싸웁니다. 자신을 보호할 뿐만 아니라 상대를 공격하기 위해 날을 세웁니다. 상대에게 지지 않기 위해서 최대한 많은 약점과 실수를 확보합니다. 상처가 많은 관계 속에는 서로에 관한 판단과 정죄가 가득 차 있습니다.

우리는 누군가에 대해 평가하는 것을 조심해야 합니다. 특히 가까운 관계일수록 더 조심해야 합니다. 가깝기 때문에 다 안다고 생각하지만 내가 아는 것보다 모르는 영역이 더 많습니다. 가족 관계에서도 마찬가지입니다. 서로를 나의 시각으로 재단하고 판단하기 시작하면 가정은 깨어집니다.

결혼할 당시에는 사랑에 눈이 멀어 보이지 않던 것들이 같이 살다 보니 점점 보이기 시작합니다. 결혼 전에는 매력적으로 느끼던 점들도 이제는 단점으로 보입니다. 속았다는 느낌이 듭니다. 그렇지만 속아서 결혼한 것입니까? 아닙니다. 완전하지 않은 사람들이 모인 것이기 때문에 약점이 있는 게 당연합니다. 세상에 결점이 없는 사람은 없습니다. 가정 안에서 약점을 공격하면 살아남을 자가 없습니다.

건강한 가정을 이루려면 항상 내 생각과 반대로 사고해야 합니다. 내가 손해 본 것이 아니라 상대가 손해 보았다고 생각하는 것이 낫습니다. 나보다 상대를 훨씬 더 나은 사람으로 바라보는 관점이 건강합니다. 자신에게 유리하게 해석하지 말고 상대방에게 유리하게 해석하십시오. 쉬운 일은 아닙니다. 죄성은 자기에게 유리하도록 마음을 기울게 하기 때문입니다.

다른 사람을 판단하는 사람들의 특징은 자기 자신을 전혀 보지 못합니다. 선악과를 따 먹은 죄성의 모습입니다. 건강한 가정은 자기 자신을 볼 줄 압니다. 비난하거나 분노하는 사람들을 보면 자기중심성이 매우 강합니다. 다른 사람의 단점에 집중하느라 자신의 문제를 전혀 보지 못합니다. 자신에 대해서 철저히 눈이 가려져 있는 모습입니다. 나는 착하고, 문제가 없고, 화를 내었다고 할지라도 충분히 화낼 만한 이유가 있었다고 여깁니다. 상대는 비난받아 마땅하다고 굳게 믿습니다. 자신의 문제를 전혀 보지 못하고 상대의 약점만 크게 보기 때문에 대화가 되지 않습니다.

비판을 잘하는 사람들은 변화가 일어나지 않습니다. 늘 다른 사람의 변화만을 촉구합니다. 이런 사람들은 말씀을 들을 때도 자신에게 적용하지 않고 늘 옆 사람의 옆구리를 툭툭 치며 "당신 이야기다!"라고 말합니다. 이럴수록 갈등만 더 깊어집니다. 복음이란 무엇입니까? 나를 부정하고 상대를 인정하고 세워 주는 것입니다. 그리스도께서 우리를 살리시기 위해 기꺼이 죄인을 자처하고 죽으셨습니다. 죄인이 아니심에도 죄인과 같이 되셨습니다. 이것이 바로 십자가입니다. 십자가 안으로 깊이 들어가 보십시오. 하나님은 우리를 더 이상 정죄하지 않고 품어 주고 받아 주십니다. 그래서 복음이 중심이 된 가정은 비판과 정죄가 아니라 기꺼이 상대를 세워줍니다. 가정에서 비판 대신 격려해 보십시오. 판단을 그치고 사랑을 시작하십시오. 상대의 약점보다 장점을 보는 훈련을 해야 합니다. 장점이 없는 사람은 없습니다. 누구에게나 장점이 있습니다. 그런데 자꾸 단점만 찾아내려고 하면 판단하고 정죄하게 됩니다. 불평하면 끝도 없습니다. 계속 눈에 안 드는 것이 눈에 띕니다.

가족 관계 속에서 배우자에 대한 기대가 채워지지 않을 때 실망하고 불평합니다. 특히 남편들은 사람이 나빠서라기보다 몰라서 못하는 경우가 많습니다. 무조건 못한다고 비난하지 말고 창조적인 제안을 해 보십시오. 남자들은 구체적으로 말해 주지 않으면 모릅니다. 그러니 함께 커피 한 잔 마시고 싶다면 애매하게 이야기하지 말고 "지금 당신과 커피 한 잔을 마시고 싶으니 길 건너편 분위기 있는 카페로 가자"라고 이야기해야 합니다. 그러면 남편은 흔쾌히 발걸음을 옮길 것입니다. 그런데 어떤 아내들은 "내가 몇 번이나 신호를 보냈는데도 어떻게 그렇게 눈치를 못 채?"라고 합니다. 이렇게 말해 봐야 남편은 이해를 못 합니다. 괜히 남편을 시험하지 마십시오. 차라리 그 시간에 귀에다 대고 정확하고 구체적으로 말해 주는 편이 빠릅니다.

행복은 멀리 있는 것 같지만 멀리 있지 않습니다. 복음을 우리 중심에 모시면 삶의 태도가 달라집니다. 복음은 공격하기보다 품는 것입니다. 단점을 열심히 지적한다고 변하지 않습니다. 반대로 칭찬을 통해 서서히 변화가 일어납니다. 하나님은 우리를 향해 지적하고 닦달하지 않으셨습니다. 오히려 우리를 위해 이 땅에 오셔서 대신하여 죽으신 분입니다. 공격하고 심판하고 정죄하는 하나님이 아니라는 것입니다.

십자가가 답입니다. 아담의 본성을 거스르려면 복음이 필요합니다. 성령이 우리 마음을 다스려 주셔야 하고, 하나님의 은혜가 임해야 합니다. 하나님이 주시는 힘을 얻지 않으면 끊임없이 상대방의 약점에 대해 눈이 밝아져 그것을 공격하게 됩니다. 복음 안에 들어가면 남의 문제, 배우자의 문제가 아니라 내 문제를 보기 시작합니다. 그때 가정에 회복이 일어납니다. 은혜를 받으면 비판의 눈이 긍정적인 눈으로 바뀝니다. 함께 사는 남편과 아내에게 놀라운 장점이 있다는 것을 깨닫게 됩니다.

숨겨진 보석을 찾아내는 눈을 가져야 합니다. 쉽지는 않습니다. 처음에는 보석이 아닌 이상한 것들이 눈에 걸립니다. 보석을 찾아내는 눈을 훈련해야 합니다. 남아프리카공화국의 다이아몬드 채취장에는 거대한 흙더미가 쌓여 있습니다. 조그만 보석 한 조각을 발견해 내기 위해 수많은 흙더미를 파내고 또 파내야 합니다. 흙먼지를 뒤집어쓰고 들이마시는 수고를 해야 비로소 겨우 한 조각의 조그만 다이아몬드를 얻는다고 합니다. 그렇게 많은 땀을 흘리며 고생했지만 보석을 발견한 순간 기쁨은 말할 수 없습니다. 보석은 쉽게 드러나지 않습니다. 그러나 포기하지 않고 계속 땅을 파다 보면 어느 순간 영롱한 보석을 발견하게 됩니다.

누구에게나 숨겨진 보석이 있습니다. 자녀가 공부도 못하고 아무 재능이 없는 것 같아도 그렇지 않습니다. 아이 안에는 놀라운 보석이 있습니다. 하나님의 형상대로 지음을 받은 인간에게 숨겨진 기가 막힌 달란트가 있습니다. 부모는 자녀에게 있는 찬란한 보석을 찾아 주고 닦아 줘야 합니다. 배우자도 마찬가지입니다. 남편의 단점, 아내의 단점만 보기 시작하면 안 됩니다. 결혼은 숨겨져 있는 보석을 찾아가는 여정입니다. 하나님은 각 사람에게 보석을 숨겨 놓았습니다.

우리를 살리는 칭찬 한마디

하나님은 우리의 행위대로 심판하지 않으십니다. 부부 관계에서 서로 너무 기대하고 수준을 높이면 힘들어집니다. 아무리 아름다운 환상의 커플이라도 100퍼센트 만족시키는 관계는 없습니다. 불완전하고 부족합니다. 기대가 높을수록 실망은 커집니다. 시선을 하나님에게로 향해 하나님께로부터 오는 사랑으로 먼저 채워야 할 줄 믿습니다. 하나님께 나아가십시오. 인간은 연약한 갈대입니다. 하나님은 우리가 기대하는 것 이상으로 충분히 채워 주십니다.

요즘과 같이 어려울 때는 서로 비판하고 정죄하기 쉽습니다. 그러나 우리는 하나님 은혜 안에서 선악과를 따 먹은 존재로서가 아니라 상대를 세워 주는 생명나무의 열매를 먹은 자로 살아가야 합니다. 의도적으로 우리가 노력해야 할 것이 있습니다. 비난과 책망이 아닌 칭찬과 격려를 해 주어야 합니다. 조건 없이 사랑해 주어야 합니다. 비난과 책망으로는 사람이 바뀌지 않습니다. 율법으로 사람이 바뀌지 않습니다. 사랑으로 변합니다. 사랑을 표현하고 사랑의 언어를 사용해야 합니다. 가족 관계 안에 사랑의 언어가 땅에 파묻혀 버렸습니다.

가정에서 서로 인정해 줘야 합니다. 아내가 차려 준 음식을 먹으면서도 맛있다고 표현해야 합니다. 간단한 것 같지만 참 중요합니다. 남편이 청소하고 나면 칭찬해 보십시오. 하나님도 표현하시는 것을 좋아하셨습니다. 우리를 향해 사랑하신다고 말씀하십니다. 어떤 분은 성경이 너무 두꺼워 읽기 어렵다고 하는데 사실은 사랑한다는 말이 길어져 성경이 두꺼워졌습니다. 성경은 우리를 향한 하나님의 연서입니다.

경상도 사람들이 참 무뚝뚝하다고들 합니다. 저도 경상도 사람이라 무뚝뚝한 편이라는 말을 종종 듣습니다. 물론 항변은 있습니다. 경상도 사람은 표현을 잘 못하지만 깊은 정이 있고 의리가 있습니다. 그러나 표현하지 않아서 오해를 받을 때가 많습니다. 무뚝뚝한 사람들은 흔히 '꼭 말해야 아나?'라는 생각을 하는 것 같습니다. 말이 많은 것을 싫어하고 말을 해도 간단히 합니다. 그러나 사랑은 표현해야 압니다.

표현은 구체적이고 직접적이어야 합니다. 상대의 장점에 대해 정확하게 표현하는 것이 좋습니다. 아름다운 표현들이 얼마나 많습니까? "멋지다" "잘 어울린다" "최고다"라는 작은 표현이 관계지수를 높입니다. 놀라운 말의 위력입니다. 그 사람이 가지고 있는 어떤 것을 인정해 주십시오. 가지고 있는 은사를 인정해 주십시오. 주부가 가사 일로 온종일 수고한 것에 대해 인정해 주면 피로를 잊습니다. 남편이 온종일 바깥에서 수고한 것에 대해 인정해 보십시오. "돈도 별로 못 벌면서 왜 그렇게 늦게 다녀?"라는 말을 들으면 힘이 쭉 빠지고 그때부터 다시 전쟁이 시작됩니다.

본성을 그대로 두면 나도 모르게 상대방에 대한 비난이 터져 나옵니다. 흉을 보거나 남의 약점을 들추어내는 것은 노력하지 않아도 잘합니다. 우리는 의도적으로 노력해야 합니다. 인정하고 축복하는 말이 입에 익도록 계속 연습해야 합니다. 노력하고 훈련하지 않으면 서로 말로 상처를 주게 됩니다. 말에는 치유의 힘이 있습니다. 남편이 아내를 향해

"당신 참 예쁘다"라고 말해 보십시오. 처음엔 그 말을 안 믿을지 몰라도 자꾸 하면 자존감이 회복됩니다. 아내도 마찬가지로 남편에게 "멋지다"라고 해 보십시오. 처음에는 어색하지만 나중에는 또 듣고 싶어 합니다.

가정 안에서 가족들 간의 말은 메가톤급 영향력이 있습니다. 서로 던지는 말 한마디가 얼마나 위력적인지 모릅니다. 비난하는 한 마디는 가슴 깊숙한 곳까지 찌릅니다. 서로 비난하고 공격하면 가정은 한순간에 쑥대밭이 되고 맙니다. 배우자의 따뜻한 한마디가 자존감을 높여 줍니다. 한 사람의 자존감이 살아나는 일에는 많은 사람이 필요하지 않습니다. 남편에게는 아내의 한마디, 아내에게는 남편의 한마디, 자녀에게는 부모의 한마디면 충분합니다. 이것은 가정만이 아닙니다. 모든 관계 안에서도 마찬가지입니다.

우리는 거친 세상에서 살고 있습니다. 사람들은 분노로 가득 차 있고 원망과 불평을 쏟아냅니다. 비난이 넘쳐흐르는 시대입니다. 모두가 힘들기 때문입니다. 그리스도인은 사랑의 말을 해야 합니다. 용서를 선포하고 감사의 말을 하십시오. 죽이는 말이 아니라 살리는 말, 생명의 언어를 사용해야 합니다. 그리스도 안에 새로운 피조물이 된 사람들은 언어에도 변화가 일어납니다.

가정은 경연장이 아니라 사랑을 나누는 곳

선악을 분별하는 것은 하나님이 하십니다. 우리에게 필요한 것은 선악을 알게 하는 지식이 아니라 하나님을 아는 지식입니다. 하나님을 배제하고 선악을 분별할 수 없습니다. 누군가를 판단하려고 하는 마음이 생기면 하나님을 더 알려고 힘써 보십시오. 최고의 지식은 하나님을 아는 지식입니다. 하나님을 아는 지식이 없는 상태에서의 판단은 위험합니다. 하나님을 더 알기 위해서는 우리가 어떻게 해야 합니까? 말씀을 보아야 합니다.

하나님을 아는 지식이 충만할 때 다른 사람에 대한 우리의 태도가 달라집니다. 하나님보다 자신의 앎이 우상이 되어 판단하면 사람을 살리는 것이 아니라 죽이는 일이 됩니다. 하나님만이 선악을 분별할 수 있습니다. 인간은 선악을 분별할 능력이 없습니다. 다른 사람을 판단하는 죄는 큽니다. 내가 보기에는 옳아 보이지만 아닐 수 있습니다. 종교 생활을 하다 보면 다른 사람을 판단하는 자가 되기 쉽습니다. 나의 의를 주장하면 다른 사람을 판단하게 됩니다.

예수님 시대에 바리새인들을 생각해 보십시오. 가장 의롭다고 여기며 산 사람들입니다. 그런데 주님은 그들을 심각하게 책망하셨습니다. 바리새인들은 교만하여 세리와 비교하는 것을 좋아했습니다. 교만은 무지에서 나옵니다. 종교적 열심으로 자신들을 증명하려 했지만 사실은 자신을 속이고 있는 줄 몰랐던 것입니다. 자신이 옳다는 것을 주장하기 시작하면 상대를 죄인으로 몰아세워야 합니다. 그러나 예수님은 그러지 않았습니다. 자신의 의로움을 주장하기보다 죄인이 되어 죽는 길을 선택하셨습니다. 바로 이 일이 가정에서 일어나야 합니다. 내가 살기 위해 상대를 죽이는 것이 아니라 상대를 살리기 위해 내가 죽는 일을 선택해야 합니다.

가정 안에 십자가를 모셔와야 합니다. 배우자에게 필요한 것은 사랑입니다. 가정은 서로 잘남을 경연하는 장이 아닙니다. 상대를 높여 주십시오. 여기에 겸손이 필요합니다. 성경은 "무엇보다도 뜨겁게 서로 사랑할지니 사랑은 허다한 죄를 덮느니라"(벧전 4:8)라고 말씀합니다. 그럼에도 너무나 많은 가정이 서로를 무시하고 낮추어 상처를 주고받습니다. 빌립보서 말씀처럼 나보다 상대를 더 낮게 여기십시오. 상대를 높여 주면 내가 낮아지는 것이 아닙니다. 상대를 존중히 여기는 것이 내가 존중히 여김을 받는 비결입니다. 이 모든 것은 사랑하면 가능합니다. 사랑하면 상대를 높여줄 수 있습니다. 복음의 능력이 가능하게 합니다.

세상이 점점 어려워지고 있습니다. 그래서 가정이 더욱 회복되어야 합니다. 가정이 피난처 역할을 해야 합니다. 이제 십자가를 경험한 그리스도의 사람으로 살아가야 합니다. 상대의 약점이 비판의 대상이 아니라 오히려 나의 아픔이 되어야 합니다. 함께 치유되는 은혜를 누려야 합니다. 지금까지는 관계를 파괴해 왔다면 이제부터 세우고 살려야 합니다. 가정의 원형을 복원하는 은혜의 고백이 넘쳐나야 합니다.

부부 톡톡! (Talk Talk!)

1. 결혼 전에 꿈꾸던 결혼은 어땠나요? 지금 그 꿈을 이루고 있나요? 나는 결혼 생활에 만족을 누리고 있나요?

2. 우리는 칭찬보다 지적이 익숙합니다. 장점보다 결점이 잘 보입니다. 그래서 서로의 행동에 잔소리하기 쉽습니다. 나는 어떤가요? 가정이 경연장인가요, 사랑을 나누는 장인가요? 약점을 덮어 주는 것과 들춰내는 것 중 무엇에 익숙한가요?

3. 죄는 스스로를 객관적으로 보지 못하게 만듭니다. 항상 '나는 옳고 남은 틀리다'고 생각하게 만듭니다. 하지만, 실제로는 전혀 아닐 수 있습니다. 우리는 남을 비판할 자격이 없습니다. 나는 이 부분을 인정할 수 있나요? 나보다 남을 낮게 여기라는 바울의 권면(빌 2:3)을 나에게 적용하면 어떤가요?

4. 가정에서 서로 인정하는 표현이 중요합니다. 아내는 남편의 작은 수고에도 감사하고 남편은 아내의 작은 섬김에도 감사해야 합니다. 배우자에게 들었던 칭찬과 격려 중 생각나는 것이 있나요?

5. 사랑은 하나님을 아는 지식에서 나옵니다. 나는 말씀을 꾸준히 대하고 있나요? 배우자를 사랑할 힘이 내면에 있나요? 나의 솔직한 영적 상태를 나눠 봅시다.

6. 가정 안에서 십자가가 발휘될 때 축복이 있습니다. 내가 십자가 앞에서 은혜 입은 자라는 사실을 기억하면서 배우자를 칭찬해 봅시다. 배우자의 장점 10가지를 적고 소리 내서 공개적으로 읽어 봅시다. ?

   * 이 시간에는 배우자 자랑을 많이 할수록 좋습니다. 서로 들어 주는 시간을 가집시다.

장점	남편	아내
1		
2		
3		
4		
5		
6		
7		
8		
9		
10		

Part **4**

가정,
십자가 복음이 깃들다
복음의 전수를 꿈꾸며

<u>14과</u>

자녀는 인격적 존재입니다

또 아비들아 너희 자녀를 노엽게 하지 말고 오직 주의 교훈과 훈계로 양육하라

엡 6:4

자녀를 노엽게 하는 부모 유형

신앙이란 관계입니다. 첫째는 하나님과의 관계고 둘째는 이웃과의 관계입니다. 하나님을 사랑하는 것과 이웃을 사랑하는 것은 분리되어 있지 않습니다. 바울은 에베소서를 마무리하면서 부부 관계, 부모와 자녀, 주인과 종의 관계를 말합니다. 우리가 관계를 맺을 때 가장 가까운 이웃이 누구입니까? 가족입니다. 인류를 사랑하기 이전에 가족을 먼저 사랑해야 합니다.

한국 교회는 그동안 교회 생활은 많이 강조했는데 그리스도인의 가정생활은 간과한 경향이 있었습니다. 그래서 오늘날 많은 후유증을 앓고 있습니다. 자녀 돌봄은 신앙생활에 매우 중요한 영역입니다. 자녀를 낳는 일도 어렵지만 키우는 일은 더 어렵습니다.

사도 바울은 자녀와의 관계에서 소극적인 면을 먼저 강조합니다. 에베소서가 기록되던 당시 로마 사회에서는 아버지가 절대적인 권위를 가지고 있었습니다. 그 당시 문화에서 바울의 가르침은 상당히 생소한 것이었습니다. 왜 사도 바울은 처음부터 자녀를 노엽게 하지 말라는 말씀으로 시작했을까요? 이것이 부모들이 가장 실수할 가능성이 높은 부분이기 때문입니다.

부모가 어떤 때 자녀를 노엽게 합니까? 여러 가지 생각해 볼 수 있는데, 첫째는 지나친 간섭입니다. 부모는 자녀보다 삶의 경험도, 지혜도 많습니다. 그리고 내 자녀가 보다 더 나은 삶을 살기를 원합니다. 그래서 부모는 자녀에게 가르쳐 주고 싶은 것이 많습니다. 문제는 과욕입니다. 지나친 강요를 하는 것입니다. 자녀를 독립된 인격체로 보아야 하는데, 소유물로 여겨서 그렇습니다. 자녀를 향한 지나친 집착과 과잉보호가 자녀를 분노하게 만듭니다.

둘째는 무관심입니다. 지나친 간섭만큼 방치도 문제입니다. 자녀는 세심한 관심이 필요합니다. 아이는 부모의 관심 속에서 자랍니다. 관심이 곧 사랑입니다. 어릴수록 더 많은 관심이 필요합니다. 집에서 기르는 작은 식물도 조금만 관심을 기울이면 잎사귀가 파릇파릇해집니다. 반대로 조금만 방심해도 시들고, 더 방심하면 죽어 버립니다. 아이들은 말할 것도 없습니다.

셋째는 비교하는 것입니다. 비교는 아이들이 질색하는 것 중 하나입니다. 그런데 부모에게는 비교하고 싶은 유혹이 충동적으로 일어납니다. 그러나 비교하면 안 됩니다. 내 집 아이와 남의 집 아이는 전혀 다르게 지음을 받았음을 잊지 말아야 합니다. 왜 자꾸 누군가를 끌어들여 자녀를 주눅 들게 만듭니까? 우리 아이만이 가진 독특함을 인정해 주어야 합니다. 그 안에 하나님이 심어 주신 잠재력과 가능성을 보십시오. 우리 아이만 할 수 있는 무언가가 있습니다. 얼마나 잘나고 유능한지를 보는 것이 아닙니다. 우리 자녀가 자신을 있는 그대로 사랑할 줄 알게 하고, 자기에게만 있는 고유한 하나님의 은사를 발휘하며 살아가도록 돕는 것이 부모의 역할입니다.

넷째는 부부간의 불화입니다. 부부간의 잦은 말다툼이나 가정불화는 아이의 감정을 요동치게 만듭니다. 자녀에게 줄 수 있는 최고의 선물이 있다면 평화로운 가정 환경과 부부 사이의 친밀함입니다. 부부의 문제는 단순히 그 자체로만 끝나지 않습니다. 부부의 불화는 자녀의 정서적 불안 등으로 후유증을 불러옵니다.

다섯째는 자녀에 대한 높은 요구입니다. 언제나 부모의 욕심이 문제입니다. 우리 사회가 얼마나 경쟁이 심합니까? 입시철이 되면 압력은 최고조에 이릅니다. 아이는 부모의 기준을 맞추려고 애쓰지만 그럴수록 내면에 분노가 쌓입니다. 아이는 부모가 부모의 위신과 체면 때문에 자신을 닦달한다고 생각하기 때문입니다. 자녀를 내 과도한 욕망의 희생물로 삼고 있지는 않습니까? 그때 자녀가 노여워합니다.

여섯째는 부모의 엄격함입니다. 조금만 실수해도 용납하지 않는, 자비와 용서가 없는 가정에서 자녀는 숨이 턱턱 막힙니다. 특히 율법적인 신자들의 가정에서 자주 일어나는 일입니다. 신앙생활을 열심히 하는 가정인데 아이의 표정은 어둡습니다. 자발적이지 않고 강요가 많은 것입니다. 주일날 교회 갈 때도 옷 입는 것으로 싸움이 납니다. 예배 시간에도 예배에 집중하기보다 자녀를 계속 예의주시합니다. 이런 엄격한 신앙의 가정에서 자라면 나중에 신앙을 거부하는 일이 일어나게 됩니다.

일곱째는 언어 폭력입니다. 부모의 말은 생각보다 힘이 강합니다. 죽고 사는 것이 혀의 권세에 있다고 했습니다(잠 18:21). 신체의 상처보다 더 심각한 상처는 영혼의 상처입니다. 어떤 말은 일평생 지워지지 않습니다. 폭력적인 언어는 자녀의 가슴 속에 분노로 남아 있는 경우가 많습니다. 언어 폭력, 언어 학대를 조심해야 합니다. 부모는 자신도 모르게 툭 내뱉었을 뿐인 말이 자녀에겐 치명적인 영향을 미칩니다. 자녀에게 분풀이해서는 안 됩니다. 감정이 잘 다스려지지 않을 때는 차라리 말을 하지 않는 편이 낫습니다.

그 밖에도 부모가 자녀를 노엽게 하는 사례가 많습니다. 그 모든 상황을 한마디로 요약하자면 '자녀의 인격을 존중하지 않아서 벌어진 일'입니다. 즉 이 문제를 해결하려면 자녀의 인격을 존중하면 됩니다. 어리고 철이 없다고 할지라도 함부로 대해서는 안 됩니다. 아무리 어려도 그 아이는 한 인격을 가지고 있는 존재입니다. 자녀들에게 인격적인 대우를 해 주어야 합니다. 사실 모든 문제는 부모로부터 출발합니다. 부모는 할 말이 많습니다. 자녀를 위해서 희생하고 헌신하고 최선을 다합니다. 요즘 부모들이 자녀의 눈치를 얼마나 봅니까? 수험생이 있는 집안은 말할 것도 없습니다. 하지만 자녀는 불만이 많습니다. 자녀에게 "아빠 엄마가 너를 얼마나 사랑하는지 알아?"라고 물어보십시오. 자녀의 대답은 부모의 생각과는 전혀 다릅니다.

"내가 얼마나 힘든지 알아요?"

온도 차가 큽니다. 이유는 부모가 사랑이라고 주장하는 것이 자기식 사랑이기 때문입니다. 자기중심적 사랑, 자기 만족을 위한 사랑은 도리어 자녀에게 상처를 줍니다. 자녀는 마치 깨어지기 쉬운 그릇과 같습니다. 노여움은 자녀를 반항적인 기질로 만들게 되고, 부모와 자녀 간의 의미 있는 대화를 단절시켜 버립니다. 부모의 일방적 강요는 자녀를 불행하게 만듭니다.

자녀를 노엽게 하지 않으려면

자녀를 노엽게 하지 않으려면 어떻게 해야 할까요? 자녀를 제대로 이해해야 합니다. 아이들의 문화를 읽고 해석하고 이해하는 일은 어렵습니다. 몸에 새긴 문신들, 어울리지 않는 장신구들…. 요즘 여자아이들은 초등학교 5학년만 되어도 화장을 합니다. 노출이 심한 옷차림, 버릇없어 보이는 행동들을 받아들이기 힘듭니다. 주일에 부모의 위신이나 체면을 전혀 고려하지 않고 교회를 나서는 아이들의 모습을 볼 때 참 난감합니다. 아이들을 이해하려면 아이의 수준으로 내려가는 수밖에 없습니다.

언더스탠딩(understanding)이라는 말이 있습니다. 부모의 포지션은 자녀와 '같은 위치'도 아니고 '위'는 더더욱 아닙니다. 그 아래로 내려가야 합니다. 바로 이것이 예수 그리스도가 우리에게 보여 주신 성육신입니다. 하나님이신 분이 인간이 되시고 죄인과 같은 모양을 가지셨습니다. 하늘 보좌 우편에서 우리에게 자신의 수준까지 올라오도록 노력하라고 이야기하지 않으셨습니다. 그분이 직접 세상에 내려오시고 인간의 몸을 입으셨습니다. 부모가 자녀의 입장으로 내려가는 일은 참 어렵습니다. 형과 동생 사이에도 문화와 세대에 차이가 있는데, 부모와의 거리는 말할 것도 없습니다. 소통은 어렵고 공감은 더 어렵습니다. 이때 부모에게 요구되는 것은 인내입니다. 인내는 부모에게 주어진 과제입니다.

자녀를 양육하는 과정에서 부모에게 요구되는 것이 있습니다. 부모의 성숙입니다. 자녀 교육의 현장이 결국 부모 수업의 현장으로 바뀌게 됩니다. 부모가 미성숙할수록 자녀들은 오랫동안 힘든 시간을 보내야 합니다. 갈등과 충돌은 더 길어질 수밖에 없습니다. 자녀 교육은 인간적 힘으로는 안 됩니다. 한국의 유명한 교육학 박사님이 자기 자녀의 문제로 힘들어한다는 글을 읽은 적이 있습니다. 교육학 전문가인데도 전문 지식적인 교육이 자신의 자녀에게는 통하지 않는다는 것입니다. 자녀가 온전한 인격으로 성숙해 갈 때까지 시간이 걸릴 수밖에 없고, 그 시간을 메꾸는 작업은 부모의 몫입니다. 그동안은 인내해야 합니다. 자녀를 위해 철야기도와 금식기도를 하는 것도 좋지만 자녀의 실수 앞에서 얼마나 사랑으로 참아 내고 품어 내느냐가 더 중요합니다. 가정은 부모의 신앙과 인격 훈련의 치열한 현장입니다. 아이들이 마음에 안 드는 행동을 할 때 부모는 시험대에 오릅니다. 분노는 쉽습니다. 그러나 십자가를 따르는 일은 어렵습니다. 십자가의 길은 선교지에만 필요한 게 아닙니다. 자녀들을 양육하는 현장 속에도 십자가는 필요합니다.

자녀를 노엽게 하지 말라는 것은 징계하지 말라는 말이 아닙니다. 방임하면 나중에 통제가 안 됩니다. 많은 부모가 아이들을 기죽이지 않으려고 애를 씁니다. 그러나 자칫하면 방목이 될 수 있기에 조심해야 합니다. 사랑과 징계는 함께 가야 합니다. 잠언은 "매를 아끼는 자는 그의 자식을 미워함이라 자식을 사랑하는 자는 근실히 징계하느니라"(13:24)라고 하였고, "아이를 훈계하지 아니하려고 하지 말라 채찍으로 그를 때릴지라도 그가 죽지 아니하리라 네가 그를 채찍으로 때리면 그의 영혼을 스올에서 구원하리라"(23:13-14)라고 했습니다. 아이들의 기를 살려 주는 것과 버릇없이 크는 것을 구분해야 합니다.

징계할 때 무엇보다 주의해야 하고 조심해야 하는 것은 부모의 감정 처리입니다. 아이에게 화풀이하듯 하면 역작용이 일어납니다. 징계를 하되 아버지는 힘을 절제해야 하고, 어머니는 입을 절제해야 합니다. 성령의 도우심을 받아 절제된 행동과 감정으로 자녀를 훈계할 수 있어야 합니다. 부모가 미성숙한 인격을 드러내고 나면 모든 말과 행동에 권위가 없어집니다.

부모 역시 죄성을 가진 연약한 인간이기 때문에 자녀 교육이 어렵습니다. 아이들도 죄성 아래에 있습니다. 특히 사춘기자녀를 둔 부모들은 첨예한 전쟁을 벌이고 있습니다. 이때 충돌은 불가피합니다. 부모와 자식 간의 주도권 싸움이 벌어집니다. 부모가 집에서 순교를 경험하게 됩니다. 부모 노릇을 잘하는 것이 참 어렵습니다. 사람의 힘으로 안 된다는 것을 인정해야 합니다.

구약 인물 중에 요셉이나 사무엘은 일찍부터 부모의 영향을 떠나 살았습니다. 그러나 얼마나 훌륭한 인물들로 자랐습니까? 하나님이 그들을 양육해 주셨습니다. 어설픈 자녀 교육은 자녀의 영혼을 망칠 수 있습니다. 자녀는 생각보다 빨리 부모의 품을 떠납니다. 그래서 어떤 사람은 "자녀는 내 집에서 잠시 머물다가 떠나는 귀한 손님"이라고 이야기합니다. 자녀가 곁에 있을 때 사랑으로 잘 양육하고 훈련을 받게 해 주어야 합니다. 하나님이 우리에게 위탁해 주신 주의 귀한 자녀입니다. 하나님의 자비와 긍휼을 구하는 겸허함을 가지고 자녀를 보살펴야 합니다.

교육의 주도권을 하나님께 맡기라

사도 바울은 부모의 적극적인 역할도 강조합니다. 노엽게 하는 것이 부모의 부정적 영향이라면, "주의 교훈과 훈계로 양육하라"는 대목은 긍정적인 역할입니다. 노엽게 만드는 것이 역기능적이라면, 주의 교훈과 훈계는 순기능적입니다. 이 두 가지는 깊은 연관성이 있고 상호보완적입니다. 주의 교훈과 훈계란 무엇일까요? 교훈과 훈계는 차이가 있습니다. 교훈이 예방적 차원이라면 훈계는 치료적 면이 있습니다. 자녀가 바르게 살아가도록 교훈을 주어도 그 가르침 대로 살지 못하고 실수하고 옆길로 빠질 때가 있습니다. 그때 훈계가 필요하다는 것입니다. 주의 교훈과 훈계란 부모의 철학이나 신조는 아닙니다.

자녀 교육의 기준은 언제나 하나님의 말씀이어야 합니다. 한 가지 분명한 결론이 있습니다. 부모의 잔소리로는 자녀의 인생을 바꿀 수 없다는 것입니다. 주의 교훈과 훈계는 세속적 교육 방식과 구별됩니다. 교육의 주도권을 주님께 맡기는 것입니다. 자녀들 스스로가 주님의 인도와 통제 가운데 들어갈 수 있도록 부모가 도와주어야 합니다.

부모는 자신의 한계를 인정해야 합니다. 부모도 완전하지 않습니다. 자신의 불완전한 틀 속으로 자녀를 집어넣으려고 할수록 위험할 뿐입니다. 특히 부모가 가진 편견, 잘못된 가치관, 세속적인 가치관을 심어 주지 않도록 노력해야 합니다. 나도 모르게 '성공해야 한다' '수단과 방법을 가리지 않고 경쟁에 이겨야 한다'라는 세속적 가치관을 심어 줄 수가 있습니다. 자녀의 삶을 바꿀 힘은 세속적인 가르침이 아니라 하나님의 말씀에 있다는 확고한 부모의 태도가 필요합니다.

결론은 하나님 말씀의 능력입니다. 부모가 자녀에게 남겨 줄 어떤 유산이 없다고 할지라도 안타까워할 필요가 없습니다. 다른 것은 못 주어도 한 가지 분명한 것을 물려주면 됩니다. 바로 하나님의 말씀입니다. 하나님의 말씀만 물려준다면 그 다음은 염려할 필요가 없습니다. 그 말씀이 아이의 인생을 책임져 주기 때문입니다. "오직 주의 교훈과 훈계로 양육하라"라는 본문 말씀은 부모에게 부담이 됩니다. 주의 교훈과 훈계로 양육하려면 먼저 부모 자신을 돌아보아야 합니다. 부모 자신이 말씀대로 살지 않으면 어떤 말도 의미가 없습니다. 부모가 무엇을 보여 줄 것인가가 중요합니다. 자녀들은 부모가 보여 준 대로 따라오게 되어 있습니다. 부모에게 가장 안 좋은 것은 이중성입니다. 부모가 말과 행동이 다를 때, 신앙과 삶이 괴리가 느껴질 때 자녀들은 혼란을 느낍니다. 가장 치명적으로 좋지 않은 교훈은 부모의 위선입니다. 부모가 위선을 보이기 시작하면 자녀들은 부모를 따르지 않습니다. 교회에서는 사람들에게 존경을 받는데 집에 가면 다른 모습으로 돌변하는 사람들이 있습니다.

놀랍게도 아이들은 부모의 말과 행동의 불일치를 알아보는 일에 대단한 판단력을 가지고 있습니다. 부모의 신앙의 상태가 어떤가를 자녀에게 물어보십시오. 자녀는 정말 잘 알고 있습니다. 신앙이 최고라는 아버지가 집에서 돈 이야기만 한다면 자녀는 헷갈립니다. 부모가 하나님을 두려워하지 않는데 자녀가 하나님을 두려워할 리가 없습니다. 부모가 먼저 하나님의 말씀 앞에 바로 서는 것보다 중요한 게 없습니다. 부모가 하나님을 두려워하는 만큼 자녀들도 두려워하게 되어 있습니다.

물론 부모가 완벽할 수는 없습니다. 그러나 신앙의 진정성, 진실성은 보여야 합니다. 때로는 내가 실수하고 연약한 모습을 자녀들에게 보였을 때 그것을 합리화하려고 해서는 안 됩니다. 정직하게 자기 자신을 인정하는 태도가 있어야 합니다. "오직 주의 교훈과 훈계로 양육하라"는 명령을 누구에게 주었습니까? 말씀은 "아비들아"로 시작합니다. 구약의 아버지는 일종의 제사장 역할을 했습니다. 그러나 여기에서 아비란 부모를 말합니다. 자녀에 대한 신앙 교육의 책임은 교회학교에 있지 않습니다. 교회에서 지내는 시간은 고작 한 시간 정도밖에 안 됩니다. 자녀 교육에 대한 일차적인 책임은 부모가 져야 합니다.

말씀이 가정에서 적용되고 경험되어야 하는 일은 당연합니다. 그런데 오늘날의 가정에 신앙교육은 입시에 뒷전으로 밀려 버렸습니다. 입시는 당면한 문제이고 신앙은 아닌 것처럼 잘못 가르칩니다. 신앙이 뒤로 밀리는 순간 그다음은 어떻게 될지 아무도 알 수 없습니다. 신앙의 우선순위가 밀리고 나면 미래가 불투명해집니다. 그 대가는 생각보다 큽니다.

갈수록 자녀 교육이 힘들어지고 있습니다. 혼탁하고 유해한 세상의 문화들이 범람하고 있습니다. 우리 자녀만 괜찮다고 끝나지 않습니다. 아이들이 장성해서도 아름다운 가정을 이루는 것이 쉽지 않은 시대입니다. 결혼 이후에도 마음을 놓을 수 없는 시대를 살고 있습니다. 자칫하면 세속적 문화에 떠밀려 가고 맙니다. 부모가 최선을 다하지만, 자녀의 앞날을 보장하기가 어렵습니다.

우리는 하나님의 말씀밖에 없다는 것을 인정하고 그것에 소망을 두어야 합니다. 세상의 유혹이나 환경이 두려운 게 아닙니다. 자녀에게 얼마나 하나님 말씀을 심어 주고자 합니까? 그런 열정을 가지고 있습니까? 부모에게 주어진 거룩한 책임을 거부해서는 안 됩니다. 자녀들이 부모보다 믿음이 더 좋은 세대로 갈 것인가, 아니면 부모와 비슷한 믿음을 가진 세대로 갈 것인가, 그것도 아니면 부모의 신앙에서 훨씬 더 떨어진 세대가 될 것인가, 다음 세대에서 신앙의 대가 끊겨 버린다면 기가 막힌 일입니다. 부모가 가진 재산에 대해서는 관심을 갖지만 부모의 신앙에 대해서는 별로 관심을 갖지 않는다면 그것보다 불행한 일이 어디 있습니까? 우리 세대보다 다음 세대가 더 나아야 합니다. 그렇기에 다음 세대에게 영향을 줄 수 있는 그 삶을 부모 세대가 살아 내야 합니다.

마지막으로 부모가 할 일은 자녀를 위해 주님 앞에 엎드리는 것입니다. 부모의 한계를 절대적으로 인정하고 하나님의 도우심을 구하는 것입니다. 부모가 최선을 다하지만 모든 것은 하나님의 손에 맡겨야 합니다.

"여호와께서 집을 세우지 아니하시면 세우는 자의 수고가 헛되며 여호와께서 성을 지키지 아니하시면 파수꾼의 깨어 있음이 헛되도다"(시 127:1)

여호와께서 우리 자녀들을 지켜 주지 않으시면 부모가 날마다 두 눈을 뜨고 깨어 있어도 헛됩니다. 하나님보다 자녀를 더 잘 자라게 하는 존재는 없습니다. 하나님의 은혜가 필요합니다. 순간마다 하나님을 의지해야 합니다. 자녀를 위해 쉬지 않고 기도해야 합니다. 부모의 눈물과 기도가 자녀를 아름답게 세워 갑니다. 그것은 부모가 해야 할 책무입니다.

한 아이가 하나님의 계획 속에 아름답게 자라는 것은 축복입니다. 자녀로 인해 치러야 할 대가가 너무 큽니다. 때로는 울기도 하고 가슴을 쓸어내리는 일들도 있습니다. 하지만 언젠가 기쁨으로 단을 거두는 날이 올 줄로 믿고 기도하고 사랑하며 돌봐야 합니다.

"보라 자식들은 여호와의 기업이요 태의 열매는 그의 상급이로다"(시 127:3)

자녀는 하나님이 우리에게 주신 최고의 선물입니다. 이 세상에 어떤 것과도 비교할 수 없습니다. 자녀는 하나님이 맡겨 주신 기업이요 축복입니다. 하나님의 뜻에 합당하게 양육할 때 선한 아버지가 되시는 하나님이 그 자녀를 아름답게 세워 주실 줄 믿습니다.

　무엇보다 자녀를 양육하는 가운데 하나님은 부모를 성숙함으로 이끌기 원하십니다. 자녀를 통하여 부모들을 철들게 하시는 것입니다. 자녀를 키우면서 하나님이 우리에게 말씀하시는 것들이 참 많습니다. 자녀들의 모습을 보면서 우리 자신의 모습을 발견합니다. 그리고 자녀와의 관계를 통해 하나님 아버지의 마음을 배웁니다. 인간은 쉽게 성숙에 이르지 못합니다. 하나님은 가정을 통하여, 속 썩이는 자녀들을 통하여 우리를 다듬어 가십니다. 하나님의 거룩한 목적은 성숙에 이르는 것입니다. 자녀들이 내 마음대로 안 될 때마다 하나님 앞에서 이스라엘 백성들의 모습을 봅니다. 자녀가 빨리 변하지 않는 모습에서 결국 하나님 앞에서 내가 얼마나 더디게 변하고 있는지를 발견합니다. 가정 수업이 신앙 수업입니다. 가정을 통하여 하나님은 당신의 백성들을 빚어가신다는 사실을 믿으십시오.

부부 톡톡! (Talk Talk!)

* 자녀가 없는 부부라면 앞으로 어떤 부모가 되고 싶은지 나눠 봅시다.

1. 이번 과의 본문에는 자녀를 노엽게 하는 부모의 일곱 가지 모습이 등장합니다. 어떤 모습이 있는지 찾아보고, 내가 해당되는 부분은 없는지 나눠 봅시다.

2. 자녀를 노엽게 한 적은 없는지 돌아봅시다. 자녀와 감정적으로 부딪혔던 경험이 있다면 이야기해 봅시다.

3. 자녀 앞에서 부모의 포지션은 '언더스탠딩(understanding)'이라고 했습니다. 이는 우리를 향한 예수님의 포지션과도 같습니다. 나는 자녀를 이해하기 위해 어떤 노력을 하고 있습니까?

4. 나는 자녀에게 세상적 가치관과 말씀의 가치관 사이에서 무엇을 더 강조하고 있나요? 부모의 잔소리로는 자녀의 인생을 바꿀 수 없고, 말씀이 있어야 한다는 말에 동의하나요?

5. 자녀에게 부모의 신앙을 평가해 보라고 묻는다면 나는 과연 몇 점을 받을 수 있을까요? 교회에서는 거룩한 신자임을 자부했지만, 자녀에게는 좋은 성적과 세상적 성공만을 강조하는 위선적인 모습은 없나요?

6. 자녀를 주의 교훈과 훈계로 양육하려면 하나님께 주도권을 내어드려야 합니다. 그러려면 자녀를 위해 기도하는 방법밖에 없습니다. 자녀를 위해 주님 앞에 얼마나 엎드리나요?

가정을
말하다

15과

행복한 가정에는 사랑이 있습니다

11 내가 오늘 네게 명하는 여호와의 명령과 법도와 규례를 지키지 아니하고 네 하나님 여호와를 잊어버리지 않도록 삼갈지어다 12 네가 먹어서 배부르고 아름다운 집을 짓고 거주하게 되며 13 또 네 소와 양이 번성하며 네 은금이 증식되며 네 소유가 다 풍부하게 될 때에 14 네 마음이 교만하여 네 하나님 여호와를 잊어버릴까 염려하노라 여호와는 너를 애굽 땅 종 되었던 집에서 이끌어 내시고 15 너를 인도하여 그 광대하고 위험한 광야 곧 불뱀과 전갈이 있고 물이 없는 간조한 땅을 지나게 하셨으며 또 너를 위하여 단단한 반석에서 물을 내셨으며 16 네 조상들도 알지 못하던 만나를 광야에서 네게 먹이셨나니 이는 다 너를 낮추시며 너를 시험하사 마침내 네게 복을 주려 하심이었느니라 17 그러나 네가 마음에 이르기를 내 능력과 내 손의 힘으로 내가 이 재물을 얻었다 말할 것이라 18 네 하나님 여호와를 기억하라 그가 네게 재물 얻을 능력을 주셨음이라 이같이 하심은 네 조상들에게 맹세하신 언약을 오늘과 같이 이루려 하심이니라 19 네가 만일 네 하나님 여호와를 잊어버리고 다른 신들을 따라 그들을 섬기며 그들에게 절하면 내가 너희에게 증거하노니 너희가 반드시 멸망할 것이라 20 여호와께서 너희 앞에서 멸망시키신 민족들 같이 너희도 멸망하리니 이는 너희가 너희의 하나님 여호와의 소리를 청종하지 아니함이니라 신 8:11-20

가정, 신앙을 전수하는 현장

신명기의 주제는 '하나님의 은혜를 잊지 말고 기억하라'입니다. 하나님은 이스라엘에게 후대에 신앙을 전할 것을 부탁하십니다. 홍해를 가르고 요단강을 건너게 하시며 여리고를 무너뜨리신 사건, 광야를 지나는 동안 하늘의 만나로 2백만 명을 먹이시고, 불기둥과 구름기둥으로 인도하신 하나님, 지금도 여전히 살아 계셔서 모든 역사를 주관하시는 하나님을 잊지 말라는 것입니다. 본문 말씀을 쉽게 풀어 써 보면, "지나간 날 베풀어 주신 하나님의 은혜를 기억해라. 하나님의 백성으로서의 정체성을 잊지 말아라. 가나안의 그 풍부한 문화 속에 빠지지 말고, 하나님만을 경외해라. 우상을 섬기지 말아라. 다른 것은 내가 책임을 지겠다"는 말입니다. 오늘날 우리가 누리는 축복보다 더 중요한 것은 현실의 풍족함에 빠지거나 교만하지 않는 것, 내게 베풀어 주신 하나님의 은혜를 기억하는 것입니다. 그렇게 은혜 안에 살아갈 때 다음 세대에게 신앙을 전해 줄 수 있습니다.

신앙 전수는 생각보다 쉽지 않습니다. 이스라엘 민족은 하나님을 잊지 않기 위해 온 가족이 모여 유월절을 지켰습니다. 하나님이 어떻게 우리를 인도하셨는가를 상기하고 광야의 텐트에서 누룩 없는 떡을 먹었습니다. 체험적 신앙을 몸에 각인하는 것입니다. 이렇게 하나님을 경험하는 지속적인 영적 체험은 매우 중요합니다. 우리가 주일마다 모여 예배를 드리는 것도 은혜에 대한 반복적 재생입니다. 하나님의 구원의 은혜를 반복적으로 기억하는 것입니다. 부부의 사랑도 여기에서 나옵니다.

감동 없이 형식적으로 예배를 드리고 하나님의 은혜를 잊어버리면 부부 사이도 위험해집니다. 주일 예배를 드리면서 내 안에 구원의 감격이 살아나고 은혜를 재생하는 작업이 일어나야 합니다. 끊임없이 하나님의 은혜를 재생해야 이웃을 사랑할 수 있습니다.

교회와 가정은 신앙을 전수하는 현장입니다. 특별히 가정 안에서의 영적 경험이 매우 중요합니다. 행복한 가정, 건강한 가정, 신앙의 명문가는 좋은 영적인 경험을 많이 하는 곳입니다. 경험이 신앙을 형성하기 때문입니다. 그래서 믿음의 부모는 자녀에게 좋은 영적 경험을 제공하기 위해 힘써야 합니다. 자녀가 일평생 하나님을 의지하는 신앙을 갖도록 돕는 것입니다. 그러면 나머지는 하나님께 맡길 수 있습니다. 기본적인 것은 자녀에게 최선을 다해 가르치지만, 하나님이 자녀를 길러 주신다 믿으며 인내와 사랑으로 키우는 것입니다.

오늘날 우리는 학교 교육에 열심을 내는 문화 안에서 살고 있습니다. 대학 입시에 사활을 겁니다. 그러나 공부 잘한다고 행복하고 아름다운 삶을 살 수 있을까요? 장담하기 어렵습니다. 그들의 미래를 누가 예측할 수 있겠습니까. 하나님이 책임져 주시지 않으면 우리는 마음을 놓을 수 없습니다. 자녀에 대한 확고한 기준은 하나님만이 인생을 책임져 줄 수 있다는 믿음을 부모와 자녀가 함께 가져야 합니다. 부모의 일차적 책임은 자녀를 대학에 보내는 것이 아니고 제 나이에 맞는 신앙을 갖도록 돕는 일입니다. 자녀가 자라면서 신앙을 경험하도록 이끌어 준다면 최고를 준 것입니다. 신앙만 심어 준다면 모든 것이 해결되지만, 모든 것을 다 해 주어도 신앙이 없으면 아무것도 아닙니다.

그러려면 먼저 부모의 신앙이 중요합니다. 부모는 신혼기부터 이런 믿음을 훈련해야 합니다. 신혼의 달콤함에 빠져 하나님을 잃어버리면 안 됩니다. 첫 마음을 잃어버리면 안 됩니다. 가나안에 들어간 세대의 문제가 무엇이었습니까? 그 땅의 풍요에 빠져 마음이 교만해진 것이었습니다. 하나님의 은혜를 잊고 내 힘으로 살아온 것처럼 교만해지면 좋은 부모로 살아갈 수 없습니다.

부모는 믿음으로 자녀를 하나님께 인도해야 합니다. 지나치게 부모 의존적으로 키우라는 말이 아닙니다. 우리 시선을 언제나 하나님께 두어야 합니다. 배우자에게도 마찬가지입니다. 나보다 하나님을 더 사랑하는 배우자가 최고입니다. 내 의지가 아닌, 하나님을 사랑하기에 배우자를 사랑하는 것이 가장 좋은 사랑입니다. 그렇게 부부가 하나님을 섬길 때, 좋은 부모가 될 수 있습니다.

가정에서 경험하는 복음

부부가 은혜 안에 있으면 가정의 영적 분위기가 만들어집니다. 성경을 읽거나 정기적으로 기도를 하는 외형적 신앙생활도 중요하지만, 더 중요한 것은 가정에 하나님의 임재가 있는 것입니다. 부부의 대화 속에 하나님을 의식하고 있는 것입니다. 하나님을 경외하는 마음이 중요합니다. 무엇을 하든지 하나님을 의식하고 결정하려는 분위기를 만들어야 합니다. 신혼기부터 그렇게 영적인 문화를 만들어야 자녀를 낳은 후에도 유지할 수 있습니다. 그러려면 위선을 벗어 버리는 작업을 해야 합니다.

신앙생활에서 가장 치명적인 것은 위선입니다. 연애와 결혼이 다른 점은 한 몸이 되었다는 것입니다. 그래서 부부는 서로의 모든 것을 알게 됩니다. 삶과 인격은 물론이고 신앙의 영역에서도 진짜가 드러납니다. 주일마다 성경책이 어디 있느냐고 찾습니다. 말로는 "여호와는 나의 목자시니"라고 하면서 실제로는 "돈이 나의 목자시니"로 살아왔습니다. 결혼 전에는 적당히 감췄습니다. 그러나 결혼 후에는 더이상 숨길 수 없습니다. 배우자에게는 본인의 진짜 신앙을 노출할 수 밖에 없기 때문입니다. 그래서 결혼 후에는 형식적인 신앙이 소용없습니다. 힘든 상황에서도 하나님을 경외하며 살고 있는지, 겉모습만 교인이었는지 다 알게 됩니다. 신앙의 진정성이 드러날 수 밖에 없습니다. 결혼은 신앙의 새로운 지평을 엽니다. 겉과 속이 같은 그리스도인이 되는 연단의 과정이 결혼입니다.

그래서 어느 가정이든 문제가 일어납니다. 문제는 결혼 생활을 방해하는 것이 아닙니다. 오히려 부부를 연단하는 하나님의 도구입니다. 다툼을 문제가 아닌 성장의 기회로 활용해야 합니다. 믿음의 가정이어도 부부는 모두 죄인일 뿐임을 인정해야 합니다. 그리고 죄인을 사랑하신 예수님의 사랑으로 서로를 품어 줘야 합니다. 믿음의 가정과 일반 가정의 차이는 갈등의 유무가 아닌, 갈등을 대하는 태도입니다.

실제로 믿음의 가정이나 일반 가정이나 싸우는 내용은 비슷합니다. 그러나 믿음의 가정에서는 풀어 나가는 방식이 다릅니다. 문제가 일어날 때, 고통의 순간에 부딪힐 때 기도로 하나님의 지혜를 구합니다. 문제를 풀어 나가는 과정을 통해 하나님의 은혜를 보여 줍니다. 서로에게 상처를 주고받았을 때 기꺼이 용서를 구하고 용서해 주는 경험이 중요합니다. 잘못을 겸손하게 인정하고 서로를 용서하는 과정을 통해 우리는 가정 안에서 복음을 경험합니다. 상처를 주고받을 수는 있습니다. 중요한 것은 상처를 감싸는 사랑을 통해 큰 위로와 은혜를 경험하는 일입니다. 그러면 교리적으로는 알 수 없는 실제적인 복음이 가슴에 와닿습니다.

이렇게 사랑하기 위해서 부부는 영적 추억과 경험을 많이 만들어야 합니다. 가장 좋은 방법은 부부가 함께 새벽기도에 참여하는 것입니다. 자녀를 낳은 후에는 자녀와 함께 새벽기도에 참여할 수 있다면 가장 좋습니다. 삶의 위기가 왔을 때 기도로 풀어 가는 서로를 보고 배울 수 있기 때문입니다. 교회를 섬기는 일에 동참하는 것도 좋습니다. 교회 청소나 농어촌 봉사나 선교 여행을 떠나는 것도 좋습니다. 좋은 휴가지에 갈 수도 있지만, 어려운 지역에 가서 함께하는 영적 경험은 더 강력한 영적 각인이 됩니다. 그런 시간들이 쌓이면 서로 성장합니다. 부부가 함께 그리스도의 장성한 분량까지 자라가는 것입니다.

좋은 부모가 된다는 것

가정 안에서 이루어져야 할 또 한 가지 중요한 것은 사랑의 경험입니다. 어린아이가 모유를 먹으면서 엄마의 품 안에서 자란 경험은 깊은 안정감을 줍니다. 이때부터 사랑의 경험이 시작됩니다. 그때를 또렷이 기억하는 사람은 없지만, 엄마의 품에서 받은 사랑의 경험은 영향력이 큽니다. 한 사람의 인격을 형성하는 기초가 됩니다.

실제로 행복한 경험을 많이 한 사람이 행복한 삶을 삽니다. 공부를 좀 못해도 가정 안에서 행복감을 많이 느끼는 자녀들은 훨씬 더 탁월한 삶을 살 수 있습니다. 이런 정서적 안정감과 행복감을 가진 아이가 자존감이 높고, 결국에는 세상에서도 승리합니다. 공부를 못한다고 다그치고 억압하면서 정서적 불안감을 일으키면 목적을 이룰 수 있을지는 몰라도 그 아이의 내면은 깨어지고 삶이 피폐해집니다. 상처를 끌어안고 사는 것입니다.

그래서 부모는 자녀에게 사랑을 줘야 합니다. 교회학교 선생님들도 아이들에게 사랑의 터치를 해야 합니다. 그 사랑의 손길이 아이들이 하나님을 떠나지 않도록 지킵니다. 이런 사랑은 하루아침에 만들어지지 않습니다. 신혼기부터 훈련해야 합니다. 결혼 전 가정에서 상처를 받았던 사람도 부부 관계를 통해 사랑을 경험할 수 있습니다. 그래서 신혼기가 중요합니다. 행복한 가정을 이루기 위해 사랑을 훈련하는 기간이 바로 신혼기입니다.

특히 친밀함의 경험이 중요합니다. 하나님의 사랑으로 친밀하게 다가가는 것입니다. 가끔 신앙이 좋다는 가정에서 자란 아이들이 다 커서는 교회에 나오지 않는 경우가 있습니다. 대개 부모가 율법적인 분위기 안에서 너무 엄격하게 아이들을 다루었기 때문입니다. 신앙의 이름으로 기독교에 대한 부정적인 이미지를 주거나 하나님에 대해서 지나친 두려움을 갖게 한 경우입니다. "너 오늘 교회 안 가면 하나님께 혼나!" "기도하지 않으면 밥 안 준다"는 식으로 윽박지르는 것입니다. 교회로 인도하고자 하는 열정은 이해하지만, 일방적인 강요는 문제를 일으킵니다.

그렇다고 자녀의 잘못된 행동을 무조건 받아 줄 수도 없습니다. 자녀를 너무 엄격하게 다루는 것도 안 되지만, 너무 방임해서 양육하는 것도 문제가 있습니다. 그래서 중요한 것이 사랑입니다. 따끔하게 훈육하더라도 일상에서 보여 준 사랑이 있다면 자녀는 훈육을 받아들일 수 있습니다. 그래서 부모 훈련은 곧 사랑을 품는 훈련입니다. 사랑 없는 어른이 되는 것이 문제입니다. 배우자를 사랑하는 사람이 되어야 자녀도 사랑할 수 있습니다. 그러면 자녀들은 사랑 안에서 건강한 인생으로 자랄 수 있습니다.

문제는 진짜 사랑은 부모의 내면에서 나오지 않는다는 것입니다. 죄로 오염된 인간의 본능적인 사랑은 잘못된 방향으로 흐를 가능성이 높습니다. 그래서 가정에서도 왜곡된 사랑이 판을 칩니다. 배우자에게 나를 사랑하라고 요구합니다. 자녀에게는 무분별한 과잉보호를 합니다. 이런 사랑은 하나님의 사랑이 아닙니다. 진짜 사랑은 그리스도께서 우리에게 보여 주셨던 사랑입니다. 하나님의 사랑을 경험할 때 진짜 사랑이 나오는 것입니다.

> "사랑은 여기 있으니 우리가 하나님을 사랑한 것이 아니요 하나님이 우리를
> 사랑하사 우리 죄를 속하기 위하여 화목 제물로 그 아들을 보내셨음이라"
>
> (요일 4:10)

배우자에게 사랑을 요구하는 대신, 내가 먼저 배우자를 사랑해야 합니다. 자녀에게 좋은 행동, 좋은 성적을 요구하기 전에 먼저 사랑해야 합니다. 이런 사랑이 일상이 되는 가정은 상처를 주고 받아도 회복이 빠릅니다. 서로를 용서하고 품어 줄 수 있습니다. 그러나 인간적인 사랑이 지배하는 가정은 상처투성이입니다. 회복이 안 됩니다. 서로에게 나를 만족시키라 요구하며 상처를 더 키웁니다. 오늘날 부부의 관계, 부모와

자녀 사이에 얼마나 많은 아픔과 상처를 주고받으면서 지옥처럼 살아가는지 모릅니다. 그리스도인 가정은 달라야 합니다.

"우리 집은 천국 같다."

모두가 듣고 싶어 하는 말입니다. 어떻게 해야 들을 수 있을까요? 서로 사랑할 때 가능합니다. 그러려면 하나님의 사랑을 잊지 않고 기억해야 합니다. 우리를 애굽에서 건져 내신 여호와 하나님을 기억하고 놓치지 않아야 합니다. 부부의 만남과 결혼, 지금까지의 인생을 이끌어 오신 하나님을 항상 기억하며 그 사랑을 배우자에게 부어 주어야 합니다. 그렇게 사랑을 훈련하다 보면 자녀에게 사랑을 부어 주는 부모가 될 수 있습니다. 하나님은 서로 사랑을 흘려보내는 가정을 통해 다음 세대를 일으키십니다. 지금, 신혼기에 있습니까? 가정의 신앙 전수는 이미 시작되었습니다.

부부 톡톡! (Talk Talk!)

1. 결혼할 때 첫 마음을 돌아봅시다. 지금도 그 마음인가요? 아니면 익숙함 때문에 가정을 소홀히 대하고 있지는 않나요? 각자의 마음을 나누어 봅시다.

2. 부모가 되는 준비는 물질적인 것만 의미하지 않습니다. 영적으로 무장해야 합니다. 지금 하나님의 은혜를 누리고 있나요? 주일 예배에서 구원의 감격을 누리고 있나요?

3. 결혼 전과 후는 완전히 다릅니다. 서로를 잘 안다고 생각했는데 막상 결혼하면 전혀 다르게 느껴질 때도 있습니다. 결혼 후 배우자에게서 발견한 의외의 모습이 있나요?

4. 부부가 함께 영적 경험을 하는 것은 매우 중요합니다. 배우자와 함께하는 영적 경험이 있나요?

_____

_____

_____

5. 가정에서 '사랑의 경험'을 하는 것은 신앙 형성에 매우 중요합니다. 내 어린 시절을 생각해 봅시다. 나는 어렸을 때 사랑을 자주 경험했나요?

_____

_____

6. 배우자를 사랑해야 자녀도 사랑할 수 있습니다. 그래서 부모가 되는 것은 사랑을 훈련하는 것입니다. 나는 배우자를 사랑하고 있나요? 하나님의 마음으로 배우자를 바라보고 있나요? 그 사랑은 어떻게 가질 수 있을까요?

_____

_____

_____

가정을
말하다

16과

교회는 영적 가족이 되어야 합니다

31 그때에 예수의 어머니와 동생들이 와서 밖에 서서 사람을 보내어 예수를 부르니
32 무리가 예수를 둘러 앉았다가 여짜오되 보소서 당신의 어머니와 동생들과 누이
들이 밖에서 찾나이다 33 대답하시되 누가 내 어머니이며 동생들이냐 하시고 34 둘
러 앉은 자들을 보시며 이르시되 내 어머니와 내 동생들을 보라 35 누구든지 하나
님의 뜻대로 행하는 자가 내 형제요 자매요 어머니이니라 막 3:31-35

새로운 가족 공동체의 기준

예수님을 믿으면 세상 사람들과 삶의 방식이 달라집니다. 미쳤느냐는 소리를 들을 때도 있습니다. 예수님도 친족들로부터 미쳤다는 소리를 들으셨습니다. 예수님을 시기하던 서기관과 바리새인들은 부정적인 소문을 퍼트렸는데, 그 소문이 멀리 나사렛까지 전해지자 친족들이 듣고 예수님이 미쳤다면서 붙들러 나왔다고 합니다(눅 3:21).

가까운 사람의 오해는 참 힘듭니다. 우리 교회도 불신 가정에서 홀로 신앙생활하는 성도가 많습니다. 안 믿는 사람들은 이해가 안 되는 부분이 많습니다. 그래서 얼굴만 보면 "네가 믿는 하나님이 어디 있냐?" "천국과 지옥이 어디 있냐?" "얼마나 마음이 유약하면 종교 같은 것에 의지하냐?"라는 말을 합니다. 세상 사람들의 관점입니다. 우리의 관점과는 차이가 있습니다. 관점이 다르니까 오해받는 것이 당연합니다.

본문에서 예수님의 가족들이 예수님이 계신 곳으로 찾아왔습니다. 그런데 그들은 곧바로 예수님을 만날 수 없었습니다. 사람들에게 둘러싸여 계셨기 때문입니다. 사람들이 예수님에게 "당신의 가족이 밖에서 당신을 찾습니다" 하고 알려 줍니다. 말씀의 '밖'이라는 단어가 상징하는 바가 있습니다. 원래 가족이 무리 안에 있고, 외부인이 밖에 있어야 하는데 서로 위치가 바뀌었습니다. 기준이 주님이기 때문입니다. 육신의 가족이라도 예수님의 바깥에 있는 사람들은 아웃사이더(outsider)가 될 수 있음을 알려 줍니다. 다음에 기록된 예수님의 반응을 보면 이 사실을 더 분명하게 알 수 있습니다.

"누가 내 어머니이며 동생들이냐?"(33절)

예수님 가족들이 들으면 상당히 섭섭할 말입니다. 가족을 마치 모르는 사람처럼 대하십니다. 밖에 있는 사람들에게는 관심이 없다는 투입니다. 그다음 말씀은 더 놀랍습니다. 예수님은 둘러앉은 자들을 보시면서 "내 어머니와 내 동생들을 보라"(34절)고 말씀합니다. 파격적인 이야기입니다.

유대인들에게 있어서 가족은 매우 중요한 개념입니다. 그런데 지금 예수님의 말씀은 천륜을 끊어 버리는 발언입니다. 어쩌면 사람들은 예수가 진짜 미쳤다고 웅성웅성했을 것입니다. 그렇지만 주님은 인간적인 부모 자식 간의 유대, 형제 간의 우애를 부정하고 무시한 것이 아닙니다. 주님은 십자가에 달리셨을 때 요한에게 육신의 어머니인 마리아를 부탁하셨습니다.

그렇다면 예수님의 말씀을 어떻게 이해해야 할까요? 예수님은 육신의 가족 관계 이상의 새로운 가족 공동체를 말씀하신 것입니다. 바로 영적 공동체입니다. 예수님은 교회를 새로운 형태의 가족 공동체로 만드셨습니다. 새로운 가족, 새로운 공동체로서의 교회를 꿈꾸셨습니다. 대단히 중요한 주제입니다. 그래서 예수를 믿고 그리스도인으로 태어난 순간, 우리는 새로운 가족의 일원이 됩니다. 단순히 교회라는 조직에 가입해 매주 모임에 참석한다는 개념이 아닙니다. 교회는 새로운 가족 공동체입니다. 일반적인 가족이 혈연이라면, 교회 공동체는 그리스도의 피로 맺어진 영적인 가족입니다.

주님은 영적인 가족에 초점을 맞추셨습니다. 혈연관계는 매우 강력하고 중요하지만, 한시적이고 한계가 있습니다. 예수님은 그것 이상을 말씀하십니다. 새로운 공동체의 결속력을 통해 하나님 나라를 보여 주십니다. 예수님이 열두 제자를 데리고 다니신 것도 새로운 가족 공동체를 보여 주신 것입니다.

그렇다면 영적인 가족은 누구일까요? 예수님은 하나님 나라의 가족 기준을 제시하십니다.

"누구든지 하나님의 뜻대로 행하는 자가 내 형제요 자매요 어머니이니라"

(35절)

새로운 가족, 새로운 공동체는 하나님의 뜻을 따르는 사람으로 구성됩니다. 성격도 출신도 다르지만, 하나님의 뜻 안에서 하나를 이룹니다. 열두 제자도 그랬습니다. 그들은 전혀 다른 집안과 집단에 속해 있던 사람들입니다. 그러나 열두 제자는 그리스도 안에서 한 가족이 되었습니다. 같은 목적을 가지고 살게 된 것입니다. 잘 먹고 잘사는 것 정도가 아닌, 하나님 나라를 인생의 목적으로 추구하게 되었습니다. 예수님이 그렇게 사셨기 때문입니다.

그래서 부부에게 가장 중요한 것은 하나님 나라의 비전을 공유하는 것입니다. 한 사람은 세상적인 욕망을 따라 살고 다른 사람은 영적인 가치를 추구한다면 온전한 한 몸을 이루기 어렵습니다. 반면, 여러 가지 일들로 갈등해도 일치된 목적과 방향이 있으면 이겨낼 수 있습니다. 어떤 일이든지 현상을 해결하기 위한 인간적인 노력으로는 한계가 있습니다. 부부는 그리스도 안에서 한 몸을 이루며 하나님의 뜻에 순종해야 합니다.

이런 영적인 관계는 교회 공동체에도 확대됩니다. 교회는 하나님 나라의 비전을 공유하는 성도들의 모임이기 때문입니다. 사람들의 친목 목임이 아닙니다. 제도화된 종교 기관도 아닙니다. 교회는 영적인 가족이 되어 하나님의 뜻을 이루는 공동체입니다. 그렇게 하나님의 뜻에 순종하다 보면 교회는 혈연 이상의 영적인 가족 공동체, 영원한 가족이 될 수 있습니다.

신혼기부터 이런 영적인 가족을 이루는 데 관심을 기울여야 합니다. 우리는 건강한 영적 가족으로부터 세상을 살아갈 힘을 얻기 때문입니다. 서로의 삶을 나누며 위로하고 용기를 주며 천국을 경험하는 것입니다. 특별히 영적인 가족을 만나면 신혼 초기에 발생하는 갈등을 극복할 힘과 지혜를 얻을 수 있습니다. 교회 공동체를 통해 행복한 가정을 이루는 것입니다.

물론 이런 가족 공동체는 저절로 만들어지지 않습니다. 가족 공동체를 위해 깊이 헌신해야 합니다. 그러려면 먼저 믿음의 형제자매들과 함께 성숙한 그리스도인으로 자라야 합니다. 그런 성숙한 사람들이 모이면 진정한 가족 공동체가 되기 때문입니다. 그렇게 만들어진 가족 공동체에서는 세상 어디에서도 경험할 수 없는 강력한 에너지를 얻을 수 있습니다. 혈연을 뛰어넘은 사랑을 주고받기 때문입니다.

그래서 교회는 영적 가족이 되어야 합니다. 모이기를 힘쓰고 삶을 공유해야 합니다. 그러려면 사역이나 활동들보다 먼저 영적 가족으로 깊은 교감을 나눠야 합니다. 주일날 예배만 드리고 흩어지면 안 됩니다. 가족 공동체의 맛은 모여서 삶을 나눌 때 경험할 수 있기 때문입니다. 자기 중심적인 삶을 버리고 공동체로 살아가야 합니다.

이런 이타적인 삶은 십자가를 통해서만 가능합니다. 혈연만으로는 안 됩니다. 욕심 때문에 형제가 원수로 변하는 경우가 많습니다. 수많은 가정이 '나'라는 우상을 버리지 못해서 어려움을 겪습니다. 모두 자아숭배를 하며 살아가는 세상입니다. 이런 세상에서 그리스도인은 '나'라는 우상을 내려놓아야 합니다. 그러려면 하나님을 첫 번째의 자리에 두어야 합니다. 하나님께로부터 흘러나오는 사랑이 있어야 서로 사랑할 수 있습니다. 하나님을 제쳐 두고 자녀에게 모든 것을 쏟아부으면 안 됩니다. 배우자에게 너무 몰두해도 위험합니다. 우선순위가 무너진 사랑은 역기능적입니다. 건강한 사랑을 주고받으려면 먼저 하나님을 사랑해야 합니다.

하나님 나라를 추구하는 영적 가족 공동체

영적 공동체는 신자가 누리는 최상의 축복입니다. 따라서 단순히 교회 생활 말고 영적 가족 공동체 생활을 해야 합니다. 이것이 신앙의 핵심입니다. 형식적으로 만나 영양가 없는 말들을 주고받다 헤어지는 것은 전혀 의미가 없습니다. 주님이 의도하신 공동체도 아닙니다. 육신적 가족 관계 이상의 공동체를 맛보십시오. 새로운 가족 없이 혈연에만 매여 있는 것은 아직 신앙생활에 참 맛을 본 것이 아닙니다. 육신적 가정만을 사랑하고 챙기는 수준을 넘어서야 합니다.

그런 면에서 교회의 역할이 참 중요합니다. 교회 안에서 가족 공동체를 형성해야 합니다. 교회를 제도적 집단으로만 보면 집사님, 장로님, 권사님 같은 직분이 먼저 보입니다. 이것은 자칫 계급이 될 위험성이 있습니다. 무엇인가 구분 짓는 것이 강하면 가족 공동체의 분위기를 깰 수 있습니다. 먼저 형제, 자매의 개념이 와 닿아야 합니다. 어떤 사역을 같이 하는 것도 좋지만, 먼저 삶 전체를 나누는 가족을 누려야 합니다. 때로는 갈등 관계에 놓이기도 하고 의견 충돌이 있을 수도 있습니다. 그러나 그리스도 안에서 영원히 함께할 형제요 자매들입니다. 새로운 가족 관계를 강화해야 합니다. 그것이 진정한 교회를 세우는 일입니다.

새로운 가족 공동체는 영원한 하나님 나라를 추구합니다. 그리고 영적 공동체 안에 속한다는 것이야말로 큰 특권입니다. 하나님 아버지를 모시고 한 가족이 된다는 것 안에는 많은 의미가 들어 있습니다. 제자들은 얼마 있지 않아 예수를 위해 목숨을 바치는 관계에까지 나아갔습니다. 생명을 건 운명 공동체가 되었습니다. 예수님의 공동체는 규모는 작았지만 무시할 수 없는 영적 결속력을 가지고 있었습니다.

2천 년 전 주님은 성별과 국적과 신분의 차이를 넘어서 그리스도 안에서 하나로 녹여 내는 공동체를 꿈꾸셨습니다. 어느 집단, 어느 공동체보다 가장 강력한 결속력을 가진 가족 공동체를 세우고자 하셨습니다. 오늘날 교회는 그런 주님의 뜻과 많이 멀어져 있습니다. 이기심으로 갈등하며 깨져 버린 교회도 많습니다. 다양한 생각들과 주장하고 싶은 소리가 교회를 분열하게 만들기 때문입니다.

영적 가족 공동체인 교회는 달라야 합니다. 생각이 다르고 삶의 방식이 다르고 정치적 색깔이 달라도 예수라는 이름 안에 하나가 되어야 합니다. 예수 믿는다는 것 하나 때문에 모든 것을 녹여 낼 수 있어야 합니다. 모든 입장 차이에도 예수를 따르는 이들은 모두 형제와 자매들입니다. 살다 보면 나와 다른 사람이 너무 많습니다. 교회 안에서도 다양한 사람이 있습니다. 그러나 그리스도를 주로 고백하고 한 성령 안에서 그리스도를 믿는다면, 우리는 한 가족입니다. 어떤 중요한 신념을 가지고 살아간다고 해도 그리스도를 위한 신앙을 능가할 수 없습니다. 신념이란 인간으로부터 나온 것이고 영원하지도 않습니다. 자신이 속한 어디에나 충성할 수 있지만 그리스도에 대한 충성을 넘어설 수 없습니다.

사람과 사람 사이에는 많은 차이가 있습니다. 생각도 다양하고, 추구하는 것, 관심 분야, 성격, 기질도 다 다릅니다. 그래서 우리는 오직 하나님의 뜻을 추구할 때 한 마음이 될 수 있습니다. 만약 우리끼리 '다름'을 '틀림'으로 여기며 싸운다면 마귀의 전술에 넘어간 것입니다. 예수님은 모든 차이를 뛰어넘게 만듭니다. 다른 관계는 끊어져도 영적 관계는 계속됩니다.

요즘 세상이 힘듭니다. 특히 가정이 많이 흔들리고 있습니다. 그럼에도 신앙 공동체, 새로운 가족은 더 강력하게 결속되어야 합니다. 세상이 힘들어질수록 더 필요한 것이 영적인 가족입니다. 가입된 곳도 많고 소속된 모임도 많지만, 예수님의 가족 공동체보다 더 우선되는 곳은 없습니다. 예수님의 가족이 되십시오. 하나님 나라의 내부자가 되기를 소망합니다. 우리가 끝까지 붙들고 지켜가야 하는 것은 영적 공동체입니다. 우리 모두 삶을 공유하는 영적 가족이 되기를 축복합니다.

부부 톡톡! (Talk Talk!)

1. 가족에게 미쳤다는 소리를 들어 본 경험이 있나요? 혹시 예수님 때문에 핍박을 받은 적은 없나요? 믿음을 지키기 위해 억울함을 참았던 경험이 있다면 나누어 봅시다.

2. 예수님은 교회를 영적인 가족이라고 말씀하십니다. 교회가 가족이라는 말이 구체적으로 어떤 의미일까요? 내게도 교회가 가족인가요? 각자의 생각을 이야기해 봅시다. 결론을 내지 않아도 좋습니다.

3. 예수님은 영적인 가족을 말씀하셨습니다. 부부도 육적인 하나 됨 이전에 영적 가족이 되어야 합니다. 함께 하나님의 뜻대로 살아가는 부부가 되는 것입니다. 우리 부부 사이에는 누가 주인인가요? 하나님 나라의 비전을 공유하고 있나요?

4. 부부끼리만 영적 가족이 되는 것으로는 부족합니다. 교회 공동체 안에 들어가 삶을 공유함으로써 영적 가족이 되어야 합니다. 우리 가족의 교회 생활은 어떤 가요? 마음을 터놓고 교제하는 사람들이 있나요?

5. 교회가 영적 가족이 되어야 한다는 것은 알지만, 소그룹에 속하기를 부담스러 워하는 성도가 많습니다. 혹시 영적 가족을 만드는 데 걸림돌이 되는 나쁜 경험 이나 삶의 장애물이 있나요?

6. 마음을 터놓을 수 있는 사람은 누구인가요? 각자 영적 가족, 영적 형제 자매가 있다면 누구인지 이름을 적어 봅시다.

남편	아내